L'HOMME QUI RIAIT AVEC LES DIEUX

LUCIEN JERPHAGNON

L'HOMME QUI RIAIT AVEC LES DIEUX

Préface de Thérèse Jerphagnon

Avant-propos de Stéphane Barsacq

ALBIN MICHEL

Il m'est arrivé quelque chose d'étrange. J'ai été ravi au septième ciel. Là, tous les dieux étaient assemblés. Par grâce spéciale me fut accordée la faveur de formuler un vœu. « Veux-tu, me dit Mercure, la jeunesse, la beauté, la puissance, une longue vie, la plus belle des jeunes filles, ou telle autre merveille parmi toutes celles que nous avons dans notre coffre ? Choisis, mais ne choisis qu'une chose. » Je fus un instant perplexe, puis je m'adressai aux dieux en ces termes : « Très honorés contemporains, je choisis une seule chose, c'est d'avoir toujours le rire de mon côté. » Pas un dieu ne répondit un mot, mais tous ils éclatèrent de rire. J'en conclus que ma prière était exaucée et que les dieux savaient s'exprimer avec goût ; car il eût été malséant de répondre avec un grand sérieux : « Que cela te soit accordé. »

Søren Kierkegaard, *Diapsalmata*

PRÉFACE

Ce livre est un orphelin. Son père est mort avant sa naissance. Ces pages sont apparues un après-midi où Stéphane Barsacq et Christiane Rancé m'avaient rendu une visite amicale, et, bien sûr, nous avons parlé de Lucien, de sa bibliothèque et de ses travaux. Stéphane Barsacq a redécouvert, avec admiration, les dossiers méticuleusement rangés, étiquetés. Je soulignai, avec une infinie tristesse, que mon mari en avait fait disparaître plusieurs. Par modestie ? Car certains contenaient des lettres enthousiastes de lecteurs ? Par désespoir ? Le *vanité des vanités* lorsqu'on lui a révélé, par téléphone, l'étendue de son mal ? Je ne sais. Mes hôtes sont repartis avec des centaines de feuilles qu'il faudrait lire, mettre en ordre, intégrer dans une architecture où il est requis de trouver une clef de voûte, et mon admiration va au maître d'œuvre. À ce propos, mes invités m'ont demandé d'écrire quelques pages sur la façon dont Lucien travaillait. Je n'ai pas de révélations à faire. Simplement des souvenirs.

Lucien s'installait à sa table de travail : une longue surface de chêne rustique, chinée à Montparnasse dans les années soixante. Il s'y asseyait, après s'être acquitté de la course matinale du « pain-journal », brève échappée vers le monde extérieur, qui, toutefois, pouvait se prolonger en cas de rencontre canine. Il supportait mal le bruit et « le mouvement qui déplace les lignes ». Mieux valait pour la paix du ménage respecter son coin de travail. L'aspirateur lui semblait toujours superfétatoire, et, si je l'avais suivi, les araignées auraient volontiers cohabité parmi les étagères pleines de livres qui tapissaient presque tous les murs. Notre gros chien, naguère, avait ses entrées, ainsi que tous les chats : nos dynasties félines et les matous des voisins qu'il appelait ses « stagiaires ». Comme Malraux, il écrivait autour de celui qui, impérieusement, s'installait au milieu de la table : on ne dérangeait pas Monsieur Chat !

Son style jubilatoire en a trompé plus d'un. Ne vous y fiez pas : il accouchait dans la douleur, et s'il n'avait pas faim à l'heure du déjeuner, je savais qu'un paragraphe était en panne. Il écrivait avec un vieux Bic noir, le stylo Montblanc était réservé à la correspondance rédigée à l'encre violette. Son graphisme était très régulier, légèrement penché : celui d'un garçon bien élevé. Son écriture rappelait celle de Bergson. Puis il sautait sur sa machine à écrire. Pas d'ordinateur, celui de la maison n'a jamais été ouvert par ses soins. Il se plaisait à dire que ses livres étaient élevés « sous leur père ».

L'encyclopédie Universalis, toute une série de dictionnaires étaient à son côté droit : bien sûr le Bailly, le Gaffiot, celui du Moyen Âge de Michel Zink, celui des religions du cardinal Poupard, celui de l'Antiquité, celui de la Bible… il me faudrait une page entière. À gauche se trouvait une caricature sympathique du général de Gaulle donnée par des voisins, puis les photos des petits-enfants. Il correspondait régulièrement avec la plus jeune à l'aide de cartes postales loufoques. La corbeille à papier, vidée chaque jour, était toujours pleine. J'appréhendais le moment où il relirait une page sortant de la machine. Que de fois il la déchirait et la vouait à une *damnatio memoriae*.

De son vaste tiroir s'échappaient des senteurs de Dunhill. Pour obéir à son médecin, après deux pneumonies, il avait exilé sa pipe, à regret. Un beau jour, après quinze ans peut-être, il l'avait ressortie et il avait même réalisé l'achat peccamineux d'une autre, mais il ne lui trouvait plus le goût d'antan. Ou peut-être les frustrations, les souvenirs, avaient-ils magnifié l'ancienne. Le facteur sonnait très souvent, ne pouvant mettre tout le courrier dans la boîte aux lettres. Gourmand de nouvelles, Lucien interrompait tout. Sa coquetterie était de répondre le jour même, en général après le déjeuner, et il portait lui-même le plus souvent ses réponses à la poste où tous le connaissaient.

J'ai sauvé très peu de manuscrits. Il s'en débarrassait très vite, par manque de place, bien sûr, mais aussi parce qu'il n'avait pas le culte de ses pompes ni de ses œuvres. Chaque page est un véritable puzzle avec des traces d'effaceur (combien de taches blanches sur le bureau ou ailleurs !). Et surtout quantité d'agrafes. C'était son « copier-coller ». De temps à autre l'effaceur était vide et l'agrafeuse épuisée, alors surgissaient des imprécations et des bousculades s'ensuivaient qui indignaient le chat endormi. Lorsqu'il avait achevé un livre, il jurait que c'était le dernier, qu'on ne l'y prendrait plus et qu'il avait tout de même bien le droit de se reposer. Certes, il a surtout travaillé pour les éditeurs, une fois à la retraite. Il répétait : « Les cours d'abord ; si l'on veut se renouveler, on n'a guère le temps d'entreprendre de gros ouvrages. »

Mais je découvrais des notes griffonnées subrepticement sur le bloc de la table de nuit, sur de vieux tickets de métro, sur des Post-it, et je me disais qu'il couvait encore quelque chose. Il lui aurait fallu sept vies, comme on prête aux chats, pour avoir le temps d'écrire tout ce qui l'intéressait. Si la maladie ne l'avait surpris, je crois qu'il se serait volontiers amusé à écrire un livre sur le Diable. « Il rend tant de services à l'humanité, et nous le chargeons de toutes nos fautes ! » disait-il. Son goût du sarcasme et du surréalisme l'amenait parfois à se livrer aux collages. Ainsi, lors d'une exposition de Fernando Arrabal, il lui avait remis, je crois, une feuille avec Adam et Ève chassés du Paradis et se réfugiant vers une 2 CV avec la légende suivante : « Ah ! Si vous saviez ce que Citroën peut faire pour vous »...

Les politiciens étaient, bien sûr, sa cible préférée. Il affublait l'un en Narcisse, l'autre en satyre, attribuait une mitre et une crosse épiscopale à tel leader anticlérical. Ces rapprochements malicieux n'étaient pas exempts de philosophie. Le rire naît de l'étonnement, disait Bergson, et Lucien avait le pouvoir de s'émerveiller des rapprochements insolites. Pour ses petits-enfants, comme pour notre fille autrefois, il dessinait ce qu'il appelait des « sales gueules » : des couples à la Dubout avec d'énormes grains de beauté, des tétons insolents et des calvities impudiques. Le thème du père Noël était une mine inépuisable avec toute sa famille : la mère Noël, obèse bien sûr, le gamin louchon et le chien Nono... Nous sommes loin des *Dieux ne sont jamais loin*[1]..., me direz-vous. Non. Je crois que les philosophes pratiquent au plus haut point l'ironie, thème cher à Jankélévitch, qui pouvait au cours d'un déjeuner quitter le sublime pour lancer des plaisanteries dignes d'un voyageur de commerce. On sait que les humoristes sont parfois tragiques comme Frédéric Dard et que Raymond Devos philosophait. Ces deux-là faisaient partie du laraire de Lucien.

Il avait une grande capacité d'émerveillement. Son intuition de l'Être, je l'ai vu la vivre au quotidien. Il l'a suffisamment exposée pour que je ne me donne pas le

1. Lucien Jerphagnon, *Les dieux ne sont jamais loin*, Paris, Desclée de Brouwer, 2002.

ridicule d'en parler. Simplement, je voudrais dire que cette *maravilla*, le mot en espagnol a le double sens d'étonnement *et* d'émerveillement (on a un peu oublié l'origine *foudroyante* de notre mot « étonner »), c'était son inspiration, sa muse. L'univers, tragique en son fond, était pour lui un abîme de réflexion et de joie, jusqu'aux derniers jours, dans ce joli parc de la clinique de soins palliatifs. Un héron cendré, transfuge de l'étang de Saint-Cucufa au moment de la grippe aviaire, se posait hiératique sur les rives de la pièce d'eau. Les arbres n'avaient jamais été aussi flamboyants qu'en ce mois de septembre 2011. Quelques malades enveloppés dans de lourdes robes de chambre ou des couvertures, poussés sur leur fauteuil roulant par leurs proches ou par des infirmières – si dévouées ! –, se rendaient à un dernier festival d'images. Lucien savait que c'était une question de jours... Il me répétait la devise épicurienne que nous avions lue sur des tombes romaines au musée de Lectoure lors d'une semaine de vacances dans le Gers : « *Fui. Non sum. Et non curo.* » (« J'ai été. Je ne suis plus. Et je m'en moque. ») Lucien est mort en sage, sans plainte, avec élégance, redoutant seulement de déranger les infirmières, disant qu'il se préparait à rejoindre le Un plotinien. Son cher Plotin qu'il avait commencé à méditer, je crois, dans son camp allemand de Steyerberg, puis relu et retrouvé dans les ouvrages de Bergson et la proximité de Jankélévitch. En réalité, il a cessé de s'alimenter et refusait tous les plateaux « pour ne pas nourrir son mal ».

Pour moi, le temps s'est arrêté le 16 septembre 2011. Mais pour tes lecteurs, Lucien, ces compagnons de route, tu continues de vivre avec ces textes qui resurgissent.

Et parfois, il me semble entendre ta voix.

Thérèse JERPHAGNON

Lucien Jerphagnon, le barbouze de l'Antiquité

Lucien Jerphagnon appartient à une longue histoire, celle des historiens de l'Antiquité, dont la France a donné deux exemples de génie : Ernest Renan et Fustel de Coulanges. Il ressemble au premier, car, à son étude du passé, il mêle sa propre pensée et ses interrogations : qu'est-ce que la foi ? la raison ? l'étude ? Comment donner une assise à ce qui se dérobe ? Comment affronter le temps, avec le regard d'un être qui sait que l'homme est destiné à se créer des dieux et à les défaire, à les contempler et à les combattre ? Mais Lucien Jerphagnon est également comparable à Fustel de Coulanges, qui mit un tel talent à tailler sa cité antique, à la ressusciter pierre par pierre, et à les polir, les tailler et les assembler. Dès lors, qu'importe si les ruines ne laissent que deviner le plan général : l'Agora est présente en son plan éternel que l'archéologue ressuscite en lui. Renan avait en vue l'avenir, Fustel de Coulanges, le présent. Lucien Jerphagnon a repris à sa manière leurs traces illustres, plus encore que celles de Jérôme Carcopino qui, quel que fût son talent qu'il mit au service d'une certaine Rome, servit un régime qui causa la mort d'Henri Bergson, le maître de son maître, Vladimir Jankélévitch. Et, au seuil de sa propre mort, Lucien Jerphagnon se rappelait encore qu'il avait appris avec émotion celle de Bergson en 1941 et que, comme l'a consigné Paul Valéry, il en avait été affecté, comme si en Bergson le dernier grand esprit européen avait sombré avec la guerre. Bergsonien, Lucien Jerphagnon l'était en tout : avec cette capacité d'inventer, dans la durée, ce qui déchire ou dévoile l'espace des habitudes. Il trouvait, après quoi il cherchait, au rebours d'autres qui peinent à emprunter le chemin inverse ; de là qu'il est souvent si drôle : comme si l'humour avait précédé le raisonnement ; il en aplanissait les aspérités, au bénéfice d'une joie *supérieure*. Tout au long de son parcours, Lucien Jerphagnon a voulu se placer au-devant de lui-même et remonter en amont de son histoire. Philosophe, il est devenu historien ; et maître de la chose antique, il n'a cessé de méditer sur l'éternité, qu'il attendait avec gourmandise, pour citer une parole de Rimbaud. Rarement homme aura autant travaillé à devenir autre que ce qu'il était, en même temps que ses métamorphoses n'ont cessé de le ramener à son illumination première reçue alors qu'il n'était qu'un enfançon. Sans doute une définition possible de ce que l'on appelle « être un homme » : devenu différent de soi, pour rester encore le plus soi-même, grâce à la réconciliation, au cœur du cœur, de l'origine et de l'horizon, des espérances et du désespoir surmonté. Ainsi, au moment de l'ultime adieu, Lucien Jerphagnon semblait tenir le dernier mot ; puis il s'est évadé vers le Forum romain qu'il n'avait cessé d'habiter, de même qu'il était revenu au rire de son enfance qu'il ne disjoignait plus des hautes découvertes et des longs labeurs d'une vie consacrée à affronter la vérité, pour la faire partager à autrui. Son enfance lui fit une cuirasse *sensible.*

Avec ce nouveau livre, que découvre-t-on ? Ce qui est écrit, mais aussi tout ce qui est entre les lignes. Lucien Jerphagnon fait œuvre de savant, mais il affirme aussitôt que l'objet de sa quête est la sagesse, qui consiste à savoir que l'on ne sait pas. Qu'on se garde bien de chercher des formules prêtes à penser dans ces textes : Lucien Jerphagnon ne voulait pas « jerphagnoniser » son lecteur, mais le rendre à ce qu'il est, selon le précepte des Anciens : *Tua res agitur*, que l'on pourrait s'amuser à traduire à sa manière : « Ici, on cause de toi ! » Paradoxalement, Lucien Jerphagnon s'est fait l'historien des historiens latins, mais il a une vue plus large qu'eux – déjà parce qu'il les a pratiqués, et aussi parce qu'il voit plus en amont et qu'il saisit l'air du temps avec une vision que les siècles ont agrandie. Si l'on suit l'autre de ses intérêts, je veux dire saint

Augustin, force est de dire que ces textes sont également autant de *Confessions* en miniature. Des *Confessions* où n'entre rien de subjectif, même si tout est toujours personnel, et plus encore singulier. Lucien Jerphagnon avait la passion des mythes (et que fait-il, sinon jouer à l'aède sous le masque de l'érudit ?), de l'*agens in rebus* (ne se qualifiait-il pas de « barbouze de l'Antiquité », une formule qui nous rapproche de ses activités culturelles lors de la guerre froide) et des premiers chrétiens (lui qui avait connu, pour ses idées, les rigueurs de la déportation, et avait éprouvé la signification du sacrifice). Enfin, Lucien Jerphagnon nous laisse comme son ami Aurelius Augustinus un catalogue de sentences, de citations et de pensées, dont on peut espérer que, dans quelques millénaires, elles nourriront la curiosité d'un jeune homme, comme lui-même avait été intrigué par la culture d'Augustin, qui nous a légué l'Antiquité, et sans qui notre perception de Rome eût été appauvrie.

Qu'est-ce que l'histoire ? La chronique des hommes et des femmes qui se sont élevés de la matière à l'esprit. Cette chronique n'a pas d'âge. Elle se déplace. Elle assure des morts aux vivants une continuité, et l'assurance que nous sommes tous solidaires des mêmes interrogations : sur l'amour, la mort, Dieu et autres bagatelles, pour reprendre le titre du livre des entretiens de Lucien Jerphagnon avec Christiane Rancé[1]. Avec ce grand livre, qui tel des poupées russes en dévoile plusieurs en un, ce ne sont pas les dernières enquêtes du barbouze de l'Antiquité que vous avez entre les mains, ce sont les nouvelles.

Stéphane BARSACQ

1. Lucien Jerphagnon, *De l'amour, de la mort, de Dieu et autres bagatelles. Entretiens avec Christiane Rancé*, Paris, Albin Michel, 2011.

I

LETTRES À LUCILIUS DE LUTÈCE

Bien cher ami,

Ton message à propos de « Dieu au-delà de l'Être » me suggère quelques réflexions qui, je veux l'espérer, te seront utiles.

Ta réaction engage, à mon sens, plusieurs plans, selon qu'on regarde la question du point de vue de l'histoire de la philosophie, du point de vue du contexte religieux ou du point de vue de la métaphysique.

Ce qui est pour nous déconcertant, c'est le problème de l'un et du multiple, auquel le platonisme apportait sa manière de voir : un problème dont nous avons perdu l'habitude, sauf précisément à fréquenter les auteurs anciens. Or ce problème-là a dominé la pensée antique. C'est l'intuition exprimée d'une incomplétude, d'une imperfection du multiple par rapport à l'unité, et du devenir par rapport au stable. Chaque être multiple perçu par un homme de ces temps-là l'était moins comme une richesse, comme une profusion, que comme un aveu d'indigence, puisque à chacun de ces êtres que nous isolons dans la multiplicité manque l'être de tous les autres. Périssable est le multiple ; évanescente est sa représentation ; limitée est sa surface. Et on n'y peut investir d'attachement, d'intelligence, qu'à proportion, puisque « ce n'est *que* cela » – et seulement pour un temps. Fugace, incomplet, le multiple en appelle à l'un : pour se fonder, et s'accomplir.

Le fondement de cette philosophie de l'Un comme principe au-delà de la multiplicité, tu le trouveras d'une part dans le *Parménide*, avec sa suite d'hypothèses (à partir de 137 c), qu'il faudra rapprocher de *République* (VI, 509 b), exposant l'analogie de la ligne, avec ses quatre degrés. Dans cette perspective, on comprend que le Principe, l'Un, soit dit « au-delà de l'essence ». De ce Principe, première hypostase, procède l'Esprit universel, seconde hypostase, qui lui-même donne vie à l'âme du monde.

C'est cette intuition-là qui va suivre le cours des siècles, par le moyen-platonisme, jusqu'au néo-platonisme. (Voir *Ennéades*, VI, 8.)

On conçoit que tenir le Principe pour « au-delà de l'Être » – et donc, à proprement parler, comme n'*étant* pas, puisqu'on le pose comme au-delà, ne gêne en rien les fidèles en contexte polythéiste. Les dieux eux-mêmes sont multiples… Et les gens qui y réfléchissaient n'avaient aucun scrupule à les regarder comme des Êtres de qualité supérieure, eux-mêmes issus du Principe « au-delà de l'Être ». Avec les monothéismes, évidemment, il y aura des problèmes, dès lors, qu'on adore des dieux personnels, avec lesquels on entre en contact. Du coup, les poser comme au-delà de l'Être (même « suprême » !) scandalise, car c'est dire que « Dieu n'existe pas »... *Sauf* pour certains philosophes chrétiens néo-platonisants comme le pseudo-Denys, Jean Scot Érigène ou Thierry de Chartres. Mais ils sont rares... Et puis, bien sûr, pour les grands mystiques, Maître Eckhart, Jean Tauler, Henri Suso... Ils ont un sens si profond de la transcendance divine que qualifier Dieu d'être leur paraît, en somme, blasphématoire.

Ce qui nous amène à nous poser la question telle que notre époque pourrait la traiter, et qui serait phénoménologique : sur le trajet de quelle intention de la conscience apparaît cette démarche qui entend situer le principe même de l'être au-delà de l'être ? Ma réponse : un souci de l'absolue transcendance. En effet, le terme d'*être*, dans le langage, vaut pour tout, de l'infime (ou de l'infect...) au sublime, et il a l'inconvénient – même si l'on applique l'analogie de l'être chère aux scolastiques – de réduire la divine transcendance du Principe à une question de hiérarchie : le coup de l'Être suprême !

Voilà donc, et voilà seulement, cher ami, ce que je puis dire là-dessus, espérant n'avoir pas obscurci un peu plus la question.

Vale.

Bien cher ami,

Tu me demandais s'il y avait des procédés pour vaincre les passions. À cette question on ne peut répondre de façon générale, mais seulement dans la perspective de chaque école.

Pour les platoniciens, ce que nous appelons les passions retient dans la multiplicité matérielle une âme qui aspire à un absolu d'unité. Il faut donc – reprends ta lecture de la *République* (VI) et celle du *Parménide* – que l'âme s'élève par degré du multiple à l'Un. C'est illustré par la Caverne de la *République* (VII).

Pour les aristotéliciens, c'est l'intelligence bien appliquée qui permettra, à condition d'y être attentif, de modérer les passions, et ainsi de leur imposer un statut équilibré.

Pour les épicuriens, un égoïsme bien compris, comme le dit Paul Veyne, saura tirer le meilleur parti des plaisirs, se souvenant (vois la *Lettre à Ménécée* !) qu'il y a les plaisirs naturels et nécessaires, les plaisirs naturels, mais non nécessaires, et les plaisirs ni naturels ni nécessaires qui n'attirent qu'un maximum d'ennuis.

Pour les stoïciens enfin, pour qui tout est pour le mieux dans le meilleur des mondes, puisque la nature est divine (« *Deus, sive natura* », dit Sénèque), à nous de la voir telle qu'elle est, et non telle que nos envies et nos peurs nous la font voir. Le sage n'est pas inaccessible aux émotions ; c'est l'homme qui sait les désamorcer. Et c'est l'effort de toute une vie. Comment s'y prendre ? Mais par le *mérismos* – autrement dit, par la division de toute chose, appétissante ou terrifiante, en ses éléments. Voyant ce qu'est la mort ou l'amour, ou toute autre chose, tout cela réduit à ce que cela est réellement, on verra qu'il n'y a pas lieu de se mettre en pareil état... Sur ce point, je te renvoie à Marc Aurèle (VI, 13). Le sage stoïcien sera toujours attentif à la sécurité de son âme, comme en voiture il est déconseillé de quitter la route des yeux. Il connaîtra alors ce que la Nature divine lui donne de tranquillité. Et voilà !

Vale.

Bien cher ami,

Ainsi tu veux à présent que je développe la Caverne de Platon.

Au livre VII de la *République*, Platon illustre d'une comparaison ce qu'il avait expliqué en long et en large dans le livre VI : les degrés de l'être et du connaître.

Il y en a quatre :

1. les ombres : on n'en retire que du flou, des illusions, des berlues.

2. les choses matérielles, dont on a les sensations (jamais très sûres).

3. les réalités mathématiques, dont on a une connaissance intellectuelle, mais forcément limitée.

4. enfin, les Idées, les Archétypes de ce qui est. À partir de là, on comprend que tout procède d'un absolu, l'Un-Bien, au-delà de tout ce qui est.

C'est cela que Platon montre par une image que tout le monde peut piger : la célèbre allégorie de la Caverne. Imaginons donc une bande de pauvres types, vivant depuis leur enfance enchaînés dans les ténèbres d'une caverne, et tournant ainsi le dos au jour.

Que voient-ils ? – Des ombres sur le mur, qu'ils croient être le vrai monde. Dans leur dos, il y a même des salauds qui les font se tromper exprès par des jeux de marionnettes, et les pauvres couillons – l'humanité ordinaire – croient que le monde, c'est ça.

Mais si on essayait de les délivrer ? Comment ferait-on ? – On les détacherait, on les tournerait vers la lumière, ce qui en un premier temps leur ferait drôlement mal, les éblouirait. Ils ne verraient pas grand-chose au début, et ils râleraient, car ils ne comprendraient pas encore qu'ils commencent à voir le vrai monde.

Peu à peu, ils comprendront, s'ils persistent, que ce qu'ils voyaient en bas, c'étaient des conneries, et que maintenant, enfin, ils connaissent le réel, le vrai. Même le soleil, ils peuvent maintenant, sinon le voir, du moins l'entrevoir, et comprendre que c'est de sa lumière que vient toute clarté. Ce serait alors pour eux le vrai bonheur, et pour rien au monde ils ne voudraient retourner en bas. Sinon pour aider les autres à sortir de là…

Cela, selon Platon, c'est l'aventure du *philosophos*,

de celui qui est l'amant de la sagesse. Il a réussi sa *conversion* – ce qui veut dire qu'il s'est tourné du bon côté. Il a changé de vie, maintenant qu'il a tout compris. Et il peut éclairer les autres… Et c'est justement ce que toi et moi essayons de faire !

Vale.

Bien cher ami,

Je voulais seulement te dire merci. Pourquoi ? Mais pour tes mots qui chaque fois fulminent, autrement dit pètent le feu dans un monde aussi éteint que les volcans du Puy-de-Dôme. Je sais bien que parfois tu franchis quelque peu la ligne blanche – et je prie alors pour qu'un pourvoyeur de tribunaux n'allât point se faire la main sur ta sincérité. Dans la France d'aujourd'hui, c'est un réflexe, une habitude : la cafardise au secours de la censure. Mais cela étant, continue : tes paroles sont un cri de douleur et d'espérance dans le silence retombé après les dernières cartouches. Continue, cher ami. Engueule-les, engueule-nous. Un éclair de jeunesse, ça ne se refuse pas.

Pour moi, je suis dans Plutarque. Plutarque : un grand monsieur dans un grand siècle, le fleuron d'une culture à l'apogée d'un empire. C'est vrai : ce siècle des Antonins aura été comme un miracle de paix, de stabilité, de sécurité. La *pax romana*, une centaine d'années dans lesquelles s'inscrivent les soixante-quinze ans de

Plutarque. C'est le temps des intellectuels, comme on dirait aujourd'hui. J'en avais compté une bonne vingtaine, d'où ressortaient deux noms, Plutarque et Épictète. Voilà pourquoi on gagne à lire Plutarque : pour savoir ce qui se pensait, se lisait, se disait en cette saison enchantée de l'Empire romain. Et voilà aussi pourquoi, de Rabelais à Auguste Comte, il aura été lu et relu partout en France et en Europe. C'est dans les *Vies parallèles*, dans les *Propos de table* qu'on apprenait le monde antique. Que n'y revient-on ? Plutarque s'identifie si bien à ses fonctions multiples dans la société cosmopolite d'alors – professeur, chargé de mission, prélat du paganisme, philosophe, historien –, qu'il déjoue les ruses d'amateur d'intimité. Plutarque n'a pas le culte de sa personnalité : on ne le surprend que dans ses œuvres, où il parle de tout sauf de soi. Toujours est-il qu'il incarne à la perfection le type même du citoyen du monde et citoyen de sa Petite Patrie, comme on disait, de sa Chéronée natale. Ainsi se réalisait, en ces temps-là, l'idéal d'un Grec de bon lignage dans un univers remodelé quatre siècles plus tôt par les conquêtes d'Alexandre, suivies de peu par celles de Rome. Fini le temps de la cité-État où l'animal politique d'Aristote légiférait sur un territoire qu'on devait pouvoir, disait-il, embrasser d'un seul regard. Il fallait être de chez soi et de partout à la fois. Plutarque y a réussi à merveille.

Vale.

Bien cher ami,

La mort n'est hélas plus ce qu'elle était.

Pour s'en convaincre, il suffirait d'un regard sur l'alignement des dalles muettes dans un cimetière d'aujourd'hui. Notre « art » funéraire – si tant est – ne dit rien de plus qu'un registre d'état civil : un nom, deux dates. L'emblème religieux éventuel conjugue au passé une espérance ensevelie. Un constat, c'est tout. Le silence éternel d'un espace confiné. Quel contraste avec l'art funéraire des Romains, et notamment avec ces extraordinaires sarcophages ornés dont la mode fit fureur aux IIe et IIIe siècles de notre ère ! Plus de six mille pièces recensées ! Ils m'avaient toujours intrigué par le foisonnement des images enchevêtrées, criantes de présence, de vie, d'amour, parfois même – eh oui ! – d'humour. Regarde bien les images : il en est de salées ! Que de fois je m'étais planté devant ces cercueils de pierre, tentant d'abord de décrypter professionnellement le message, faisant des rapprochements, puis finissant par rêver…

Et voilà bien que notre ami Robert Turcan, avec *Messages d'outre-tombe : l'iconographie des sarcophages romains* (De Boccard), nous introduit dans le monde convivial de la mort à la romaine, car les morts, ici, parlent aux vivants, les impliquant dans l'aventure qu'ils ont vécue et qui se poursuit dans l'au-delà. Et c'est parce qu'ils l'ont vécu de bout en bout, ce destin fixé par les dieux, que leur message porte si loin. Si loin que nous en percevons encore l'écho dans notre morne silence.

Tu te souviens du fabuleux *Art romain* de Turcan. L'identité artistique romaine y était enfin soulignée, alors que trop souvent on avait regardé les fils de la louve comme de simples plagiaires, satisfaits de copier les Grecs. Il y avait montré, preuves à l'appui, comme toujours, qu'à Rome, l'art est toujours solidaire de l'art de vivre. Cette fois, c'est, si j'ose dire, l'art d'être mort dont Turcan nous dévoile les secrets dans ce livre de prestige, avec la science et la verve qu'on lui connaît. Oui, l'art d'être mort sans l'être tout à fait, vivant au moins dans la pensée des générations à venir. Feuillette à loisir les pages hors texte : deux cent dix figures soigneusement reproduites, et tu auras envie de lire ce qu'en dit Turcan, l'archéologue qui sait écrire et souvent écrire drôle. Alors tu sauras le pourquoi de cette profusion d'images mêlées, et le sens qu'elles avaient pour la famille du défunt, pour le passant aussi, et qu'elles gardent pour l'habitué des musées...

Émouvante ronde des dieux et des déesses qu'on reconnaissait au premier coup d'œil, ballet funèbre dans lequel entrait le défunt, officier, commerçant, gamin même, trop tôt descendu au royaume des morts et qui de là vous souriait encore, entouré de Tritons ! Me revient ce relief funéraire conservé à Bordeaux, au musée d'Aquitaine, figurant un enfant tout sourire tenant dans ses bras un gros chat dont un oiseau malicieux pince la queue... Tout cela vous parle, vous parle des dieux et des hommes, et de la tranquille résignation à devoir un jour dormir cette interminable nuit. Mais les morts parlent en dormant. Ils parlent d'espérance, d'amour fidèlement vécu, et peut-être bien d'éternité, même si personne ne s'entendait très bien sur sa nature. Et même s'il n'était pas garanti que l'on poursuivît l'aventure quelque part en compagnie des dieux, du moins était-on assuré de survivre dans la pensée des hommes. À Rome, on savait organiser la vie, la mort et même l'après-mort. Si bien accueilli était le défunt, entouré de si beau monde, qu'il avait l'air naturel, et pour toujours apaisé. Même les enfants, qui avaient de quoi jouer : balles, cerceau, trottinette. La nuit éternelle serait calme. Et qui sait... ? Si bien que le passant dont le regard s'attardait sur ce monde enchanté comprenait qu'il en irait de même pour lui. Et que, le jour fixé par les dieux, lui non plus n'aurait pas peur de s'endormir.

Vale.

Bien cher ami,

Oui, Robert Turcan a raison. À Rome, c'est la vie qui se veut éternelle. Ces personnages de sarcophages, sculptés dans la pierre, chantent l'amour qui jamais ne s'éteindra, la valeur militaire héroïsée, les jeux promis pour toujours aux enfants trop tôt partis de ce monde. Éros et Psyché, Hercule, les Tritons, tous les dieux s'en portent garants. On meurt, c'est entendu, mais l'espérance vit toujours, tapie dans la jarre de Pandore (pourquoi dit-on toujours la boîte ?), d'où s'étaient échappés tous les maux. Et si philosopher, c'est apprendre à mourir, comme le voulait Socrate dans le *Phédon*, alors, autant le faire agréablement – au moins pour ceux qui suivent…

Vale.

Bien cher ami,

Tu me demandes des *Regulae ad directionem ingenii*, ce qui est délicat d'édicter en matière de traduction.

J'entends d'abord que tu sois libre. 1. Du choix de ton *texte*, dès lors qu'il est scientifiquement établi (c'est le cas aujourd'hui). 2. De ta *traduction* bien sûr. À toi de jouer. Simplement : tu n'écris pas uniquement pour le Collège de France ou les Hautes Études, ou pour des ecclésiastiques. (Ton éditeur ne fournit pas de décodeur.)

Je rêve pour moi des grands anciens que nous saurions rendre présents aux gens du siècle à venir. Par exemple, un Augustin, tel qu'en lui-même, mais intelligible, parce qu'on comprendrait que l'époque posait *ces* problèmes-là, que les gens y avaient *ces* réactions-là…

Cela suppose déjà que tu ne fasses pas parler aux anciens la langue de bois des versions latines, qui est du mot à mot un peu arrangé. Dis ce qu'ils disent comme ils auraient voulus être entendus aujourd'hui. Privilégie toujours, si possible, la langue d'arrivée.

Je sais : leur style de rhéteur, leurs tirades d'une page et demie... Si tu transposes ça tel quel, en vérité, je te le dis, personne ne continuera à te lire, donc à *les* lire. N'hésite jamais à couper au chalumeau les enchevêtrements de propositions tordues dont ils sont coutumiers, pour dégager le sens coincé là-dedans. Et puis il y a les tournures elliptiques (Tertullien, par exemple, n'est pas mal...), si bien qu'on est parfois condamné à l'à-peu-près. Entre la « belle infidèle » et la « femme savante », il y a la *Mulier fortis* des Proverbes (que rien n'empêche d'être pas mal : qui te dit que ce n'est pas la gamine du Cantique des cantiques après vingt ans de mariage ?).

Un détail. J'ai consulté certaines éditions récentes. Cela m'a permis de découvrir des mots latins sautés, parfois une ligne entière, et quelques faux-sens et contresens. « Que celui qui n'a jamais péché... » Cela dit, s'il s'avère que le Père Tartemol ou le Père Dieumengarde a su rendre de façon intelligible un de ces sacs de nœuds dont Augustin ou Tertullien ont le secret, alors adopte ce fragment de membre de phrase. Cela vaudra mieux que de te contorsionner pour pondre une tournure bizarre, voire alarmante, pour n'avoir pas l'air d'avoir pompé. Le temps du bahut est passé. Et comme c'est moi qui te relirai, d'avance, l'Inquisiteur te remercie.

Autre détail. Les anciens appellent un chat un chat, avec les mots pour le dire. C'est d'époque. Il faut en faire autant, dès lors qu'on reste à peu près convenable. N'édulcore pas, surtout : ça ne se fait plus (le genou de Priape…).

Important : dans une note, on ne s'épanche pas (encore moins qu'ailleurs). Pas de cris du cœur : « Magnifique passage » – ou pis : « Comme l'a si bien dit le professeur Pierre Tombal dans son beau livre sur *Le gérondif à travers les âges…* » D'abord, ça rallonge. Et puis le lecteur s'en fout. Donne-lui ce qu'il est en droit d'attendre, c'est tout. Sois fort en degré, mais pas tord-boyaux.

Tu le vois : j'ai déployé sous tes yeux la longue liste de tes libertés. Cela rejoint assez l'injonction de saint Augustin dans son *De spiritu et littera*, (XVI.28) : « Là où le plaisir est à mal faire, c'est l'esclavage ; là où est le plaisir à bien faire, c'est la liberté. » *Quid amplius ?*

Vale.

Bien cher ami,

À qui m'assure : « Écoutez, je vais vous dire la vérité… », j'ai parfois la malice de répondre : « Malheureux ! Gardez-vous-en bien. On peut faire beaucoup de mal avec cela – et de toute façon, vous le regretteriez. » Boutade, bien sûr, mais qui dans mon esprit vise un but : attirer l'attention sur le danger d'introduire sans les précautions indispensables un absolu dans un langage qui, par essence, est relatif. En effet, sauf à glisser dans la pathologie, on parle toujours pour un autre, à qui on entend délivrer un message chargé de finalités qui vont à l'infini. Ce peut être pour l'instruire d'un savoir plus ou moins incontestable dont je suis le dépositaire, ou pour l'amener à partager mes sentiments ou mes convictions, ou encore pour l'induire à modifier son comportement dans le sens que je souhaite : propagande, publicité. Peu importe, dans ce dernier cas, que mon dire soit vrai ou faux dans l'absolu. Que le savon Untel ou le Parti unanimiste unifié soient effectivement les meilleurs possibles est secondaire par rapport à la vraie question : qu'on achète le premier et qu'on vote pour le second. Ce peut être encore pour me mettre à couvert : « Je vous l'aurai dit », etc. Tout simplement, ce peut être « pour ne rien dire » ou pour dire des riens, comme il arrive dans les cocktails. Associé à l'alcool ou au jus de fruits, le verbe a un pouvoir de communion dans l'instant, indépendamment de la vérité de son contenu. Le fond de l'air qui reste frais, les jours qui allongent, les difficultés du stationnement dans le quartier, rien de ce qu'on dit « pour parler » n'est tout à fait inutile. Georges Duhamel, dont je te rappelle à tout hasard qu'il fut médecin, vouait une « vigilante gratitude » aux lieux communs, grâce auxquels « nous vérifions de temps en temps que notre pacte avec les hommes est valide et respecté ». De tout cela il ressort qu'on peut parler pour dire n'importe quoi.

Face à cette relativité polymorphe, et pour tout dire assez floue, du langage, le concept de vérité contraste de façon singulièrement abrupte. Car, cette fois, c'est « la réalité » – c'est-à-dire « les choses telles qu'elles sont » – que le langage prétend exprimer. L'alignement des mots et des phrases s'organise en propositions, hors desquelles il ne saurait y avoir qu'erreur : maldonne, mauvaise foi ou ignorance crasse. La définition que proposaient de la vérité les philosophes médiévaux avait au moins le mérite d'être claire : *adaequatio rei et intellectus*, la conformité de la pensée (exprimée ou non) et de la chose. Bref, « les choses étant ce qu'elles sont », ma pensée, que je livre dans mon langage, est censée s'en tenir à les exprimer telles, comme si mon esprit les reflétait : « Je dis ce qui est. » Et comme « je sais ce que je dis », le nier serait absurde ou pervers. Il s'agit donc bien ici d'un absolu s'exprimant intentionnellement dans un langage essentiellement relatif, avec ce qu'il a de hasardeux tant du côté de l'émetteur – si je me trompe, ou si disant juste, je m'exprime mal – que du côté du récepteur : si mon interlocuteur n'y comprend rien ou pas grand-chose, ou s'il voit la réalité autrement.

Il existe évidemment des absolus de vérité plus ou moins évidents selon les niveaux d'expérience et de réflexion où se situe le dialogue. Il est tout à fait vrai et pour tout le monde que 2 + 2 = 4, que les parallèles ne se rencontrent jamais (du moins en géométrie euclidienne, donc à l'intérieur d'une axiomatique) ; vrai aussi que la somme des angles d'un triangle est égale à deux angles droits : il n'y a pas à sortir de là. Il est tout aussi vrai qu'il y a des antipodes, et cela vaut pour moi, même si je n'y suis jamais allé voir : il était excusable au Moyen Âge d'en douter ; aujourd'hui, cela paraît hors de question. S'il est une situation où objectif et subjectif coïncident sans difficulté, où l'absolu s'exprime sans décalage dans le relatif, c'est bien ici. À ce genre de vérités, on peut éprouver des difficultés à souscrire (en géométrie, par exemple, si l'on est médiocrement doué), mais il est exceptionnel qu'on en fasse un problème de conscience. Plus délicate est déjà l'affirmation (et l'adhésion corrélative) lorsqu'elle engage l'appréciation subjective d'un témoin : qui a vu quoi lors de la collision ? Quel est « le fond de vérité » de cette thèse sur le Masque de fer ou sur l'affaire Greenpeace ? On est ici réduit à faire fond sur la véracité problématique, le nombre et la concordance des témoignages pour établir la vérité « historique » – qui ne vaudra jamais, du point de vue de l'absolu, une bonne vérité mathématique. C'est qu'une dimension nouvelle est apparue : la conviction, qui est subjective par essence. Cette dimension prend de plus en plus de place à mesure que le dialogue s'engage dans les visions du monde : grandes hypothèses cosmologiques ou politiques – fixisme ou transformisme, matérialisme dialectique ou libéralisme bourgeois… –, voire carrément dans le métaphysique et le religieux. Soit trois propositions : « Le Messie doit venir un jour », « Jésus-Christ a sauvé tous les hommes », « Allah est Allah et Mahomet est Son prophète » ; ces vérités, dont un rabbin, un évêque et un ayatollah sont respectivement bien convaincus, sont pour un athée militant autant de phantasmes dont il expliquera la genèse et la déplorable permanence, et pour un agnostique, un saut dans l'inconnu. Force nous est d'ailleurs de constater avec Paul Veyne que « l'authenticité de nos croyances ne se mesure pas à la vérité de leur objet », et qu'en semblables matières « la vérité demeure égocentriquement nôtre ». En désespoir de cause, il arrive qu'on soit tenté de se ranger à la formule pirandellienne : « À chacun sa vérité. »

Cette charité intellectuelle et affective présente au moins l'avantage de ne faire tort à personne.

Vale.

Bien cher ami,

C'est un vrai bonheur, et pas seulement pour les spécialistes en théologie ou en philosophie antique, de pouvoir – enfin ! – disposer en France, et sans courir d'une bibliothèque à l'autre, les *Écrits apocryphes chrétiens* dont la Bibliothèque de la Pléiade vient de nous donner une édition de toute beauté. Foin des poncifs colportés par les romans et les films ! Bien naïf qui penserait aujourd'hui que le christianisme était tel qu'en lui-même dès le lundi de la Pentecôte, qu'on accrochait aux murs des crucifix sous Néron (rappelle-toi *Quo vadis ?*) et que partout dans l'Empire – mettons : sous Trajan, décédé en 117 – les premiers chrétiens pouvaient se procurer un Nouveau Testament. Si je choisis ce règne, c'est que l'Église tenant pour close la Révélation à la mort du dernier apôtre, c'est chose faite, surtout si l'on tient compte de l'espérance de vie en ces temps-là. En fait, le judéo-christianisme du tout début, puis le christianisme émancipé par rapport à la synagogue constituent une nébuleuse de communautés fort diverses par la situation géographique – Orient, Occident, ville ou campagne, la langue, les traditions, la personnalité de tel membre... Or chacun sait qu'une nébuleuse n'est pas facile à observer dans le détail. On devine que ces communautés disparates, bientôt répandues dans un empire de 3 300 000 kilomètres carrés, avaient à cœur de garder chacune par-devers elle ce qui avait été recueilli et transmis de la vie de Jésus et de sa parole. D'où une floraison de textes propageant dans les idiomes en usage, grec, latin, syriaque, etc., ce qu'on tenait – ou prétendait tenir – des apôtres. De cette littérature « sauvage », l'Église déciderait avec le temps de ce qu'il fallait tenir pour authentique – ce qu'aujourd'hui nous appelons le Nouveau Testament, mais aussi quelques livres de l'Ancien –, le reste étant voué aux oubliettes. Toujours est-il qu'il y eut, d'un côté, les textes dits « canoniques » et, de l'autre, ceux qu'à la suite de Clément et d'Origène (II-IIIe siècles) on appela « apocryphes », autrement dit cachés, ou secrets. Ces livres étaient censés dévoiler à qui les découvrait du neuf, du non-dit sur Jésus, Marie, les apôtres..., ou encore sur ce que Dieu avait en tête pour la fin des temps, toute proche. Ces « apocalypses » – ainsi se dit en grec « révélation » – se donnaient pour réservées aux initiés, dépositaires de la vraie foi, qui coïncidait comme par hasard avec celle de la communauté où elles étaient nées. Il y eut ainsi, à côté de l'Apocalypse de Jean, celle de Paul, avec une visite guidée du ciel et des enfers – qui n'est pas sans rappeler l'*Énéide* –, une autre de Pierre ...

S'il était dans l'ordre des choses qu'une communauté affirmât son identité par la détention de livres sacrés bien à elle, où se concrétisaient ses ferveurs, de même conçoit-on que les années passant et les situations évoluant, des questions nouvelles se soient posées, appelant des réponses inédites. On le voit à propos de la fin du monde, du retour du Christ en gloire, toutes choses qui, pour la première génération chrétienne, ne devaient plus tarder. Au bout d'un moment, il fallut bien reconnaître que ce n'était pas demain la veille, mais il convenait qu'un apôtre l'ait dit. Pour s'en tenir aux textes canoniques, la différence entre la deuxième et la première épître de Paul aux Thessaloniens saute aux yeux. Et tout cela coexistait. Enfin, dans un monde moins rigoureux scientifiquement que le nôtre, et moins crispé sur la propriété littéraire, la pseudépigraphie sévissait de façon courante. Quoi de mieux, pour imposer ses propres vues, ses élucubrations métaphysiques, que de les faire endosser à Socrate, à un apôtre, voire à Jésus ? C'était leur garantir une autorité et un rayonnement qui leur auraient été refusés sous la signature d'un illustre inconnu. D'où une prolifération de « vrais-faux » répondant au goût du secret : évangiles bricolés, faux dialogues de Platon où Socrate, en avance sur son temps, connaît son Épicure sur le bout du doigt…

Païens et chrétiens sont *ex æquo*.

Tout cela, trop longtemps négligé, est évidemment d'une grande utilité. Apparaissent ainsi, en marge de la littérature « officielle », une foule de détails complétant ce qu'on sait ou croit savoir de l'esprit d'une époque. Vérités éternelles d'un moment, frustrations, espérances, résignations, toutes choses qui, sans ces textes rescapés d'une interminable aventure, auraient sombré dans l'oubli. Précieux recueil, décidément. Et, ce qui ne gâte rien, drôle. On sera irrésistiblement entraîné par la saveur « nature » de tel passage : « Lorsque Joseph vit que Jésus était intelligent, il ne voulut pas qu'il demeurât illettré, et il l'amena chez un maître… » On se distraira de voir Jésus, à table, ressusciter le poulet qui figurait au menu et qui aussitôt s'envole du plat. Chaque âge a ses façons de chanter la gloire de Dieu, mais du coup, les miracles des Évangiles canoniques paraissent bien discrets. La faconde de ces anonymes va parfois jusqu'au croustillant, tant il est vrai que tout est pur aux purs… Pour ma part, c'est avec jubilation que j'ai retrouvé la *Correspondance de Paul avec Sénèque*, trop polie pour être honnête, qui m'était venue entre les mains en 1948. Sénèque, qui se dit ravi d'avoir lu l'Épître aux Galates, a l'air de tenir beaucoup à ce que saint Paul jette un œil sur un traité qu'il finit de concocter, avant que d'en causer avec l'empereur. On sent quand même Paul un peu inquiet : il aimerait autant que Néron demeurât en dehors de tout cela. Et des ignares – des *rudes*, dirait saint Augustin – viendront nous raconter qu'on perd son temps, à lire les textes anciens, et qu'on s'y ennuie !

Vale.

Bien cher ami,

De tous les moments que j'ai passés avec des gens si lointains dans le temps et pourtant si proches en humanité, que retenir ? Que la vie de ces hommes, de ces femmes, se déroulait sur plusieurs plans, engageant tout à tout ce qu'aujourd'hui nous appelons le réel et le symbolique, le naturel et le surnaturel, l'historique et le mythique, l'onirique et le pratique, le sacré et le profane, le mystère et le problème. S'il est une conviction que j'aimerais te faire partager, c'est qu'il en va de même pour les humains de tous les temps, le nôtre y compris. « Descartes pèlerin était le même que Descartes géomètre », disait Alain, et j'ajoute que le Pascal de la nuit de feu du 23 novembre 1654 était bien le Pascal du *Traité des coniques*, de *La Cycloïde* ou *De la pesanteur de l'air*. « Magie, religion et science font une chaîne, dit encore Alain, non pas seulement dans l'histoire de l'espèce, mais dans la moindre de nos pensées : nous nous éveillons tous et réveillons selon cet ordre ; et chacune de nos idées de même. » De fait, des siècles durant, ces différentes intentions de la conscience ont coexisté sans conflits. Jusqu'au jour où les religions, chacune assurée d'être la seule, se sont arrogé le contrôle de la pensée rationnelle, quitte à frapper d'interdit les découvertes scientifiques, avec le résultat qu'on sait. Cette mégalomanie déchaîna celle des défenseurs autoproclamés de la raison – de la déesse Raison. Ils reléguèrent le mythico-religieux dans l'absurde et regardèrent les croyants comme autant de demeurés. Affligeant dialogue de paranoïaques : d'un côté, l'intégrisme fanatique ; de l'autre, « le petit rationalisme », comme disait Merleau-Ponty, par opposition au grand, de Descartes, de Leibniz ou de Spinoza. Empoignades qui, à mon sens, n'ont plus d'intérêt que folklorique, puisqu'elles résultaient d'une confusion des plans…

Vale.

Bien cher ami,

Ta question sur le christianisme m'amène à m'interroger à mon tour. Le christianisme peut-il se comprendre ? Le christianisme peut-il s'installer ? À ces deux questions qui, au fond, n'en sont qu'une, Kierkegaard oppose la plus décidée, la plus véhémente des négations. Publiées en 1850, à l'époque où, selon l'optique de Hegel, de Marx, de Feuerbach, le christianisme commençait à apparaître – aux yeux mêmes de certains parmi les gens d'Église – comme un phénomène historico-social, *L'École du christianisme* entendait congédier toutes les tentatives de réduction et dénoncer toutes les conduites d'assimilation en le posant comme l'irréductible même et comme l'inassimilable : le christianisme est par essence ce qu'accidentellement il se trouve n'être plus dans la chrétienté, c'est-à-dire paradoxe et scandale. C'est ce point que Kierkegaard marque, j'allais dire : écrase, d'une plume tour à tour fervente, ironique, et rageuse, et dont il fait le centre de son argumentation. « Venez à moi, vous tous qui êtes chargés, et je vous soulagerai… » Qui lance cette invitation ? Qui donc ose se donner pour Dieu ? Un homme spécialement bafoué, impuissant, pitoyable. Élévation de l'homme – kénose de Dieu –, l'une et l'autre inadmissibles, tel est le mystère du Christ, de l'inconcevable Homme-Dieu, objet de la foi.

Il est vrai que les choses ont évolué, et Kierkegaard

note cruellement que le « Venez à moi... », aujourd'hui, ferait plutôt fuir tout le monde. Les chrétiens veulent bien admirer – c'est facile : Judas lui-même... –, mais ne veulent point imiter, c'est-à-dire, finalement, souffrir la Passion. Ainsi ont-ils, en dix-huit siècles, aménagé ces rigueurs. Conscients de la charge inquiétante de paradoxe et de scandale dont le christianisme est porteur, ils l'ont adroitement désamorcé ; sous le nom de chrétienté, le christianisme est devenu très habitable. On y fait même de belles carrières, et les confortables disciples du maître crucifié se taillent de jolis succès de parole aux offices dominicaux. Quant à l'Homme-Dieu, essentiellement hétérogène à toute humanité connaissable, les procédés de l'apologétique l'ont ramené à du compréhensible, à du non-scandaleux et, même, à du consolant. Il est devenu un être fabuleux et fantastique – « un divin brave homme » –, dont les théologiens ont fini par concevoir très bien la nature. Mieux, ils en sont venus à imaginer que le Christ – qui pourtant s'est donné comme objet de scandale – s'est entouré lui-même d'un système convaincant de preuves de sa propre divinité. Ils opèrent comme s'il avait dit : « Regardez-moi ; vous voyez bien que je suis Dieu. » Moyennant quoi tout est devenu « aussi facile que d'enfiler ses chaussettes ». Plus de paradoxe, plus de signe de contradiction, mais du calme, des concepts et des consolations.

C'est de ce « sommeil dogmatique » – jamais l'expression kantienne ne convint si bien – que *L'École du christianisme* entend éveiller les chrétiens : restaurer le christianisme aboli par la chrétienté, telle est son ambition. Dans cette œuvre brûlante, passionnée jusqu'à l'invective, on retrouve le souffle fervent des réformateurs, et on ne s'étonne point qu'elle ait soulevé des protestations. Mais au-delà du ton et de la passion, le lecteur avisé sait voir ce qui compte, et mettre à profit les arguments – irréfutables – dont use Kierkegaard lorsqu'il s'applique à dénoncer le porte-à-faux de toute attitude apologétique : prouver – rationnellement, car autrement, que vaudrait la preuve ? – le surnaturel – c'est-à-dire ce qu'on donne précisément pour irréductible au rationnel. On suivra volontiers Kierkegaard lorsqu'il établit que la foi peut sans incohérences se donner l'Homme-Dieu comme objet : on est à l'intérieur d'une axiomatique, et certains problèmes ne se lèvent qu'à partir du moment où l'on se pose en observateur, c'est-à-dire à dater de l'instant où, accédant à l'idée de la non-nécessité de la vision jusque-là nécessaire, on la voit comme axiomatique. Les hommes d'oraison, d'autre part, catholiques ou réformés, voire agnostiques, trouveront de quoi méditer sur l'idée de la contemporanéité du Christ et de tout homme…

Vale.

Bien cher ami,

Fort intéressant – et pour moi rassurant – ce que me dit ta bonne lettre touchant le petit *Entrevoir et vouloir*. Ah ! Si ma tension artérielle était moins basse, je rougirais ! Dans les années 1950, comme tu le sais, Georges Gusdorf dénonçait la conviction de tout philosophe d'avoir une bonne fois mis fin à la philosophie, dès lors qu'il avait dit le dernier mot sur le fond des choses. Jankélévitch n'aura, de sa vie, jamais encouru un tel reproche. Sa philosophie bouleversait tous les plans, structures et autres divisions où se systématise ce que j'appellerais volontiers « les philosophies achevées ». La sienne ne le serait jamais. La philosophie ne commence-t-elle pas avec l'étonnement, comme on l'a dit et redit après Platon et Aristote ? Mais on ne s'étonne pas une fois pour toutes. Jankélévitch, lui, savait que la vérité est une quête perpétuelle. « La vérité, disait-il, c'est celui qui recherche la vérité » et qui s'y engage, car la vérité n'est pas une abstraction. Ni une idée fixe : « La vérité répandue du matin au soir serait l'arme du sabotage de la vérité par excellence. » Paradoxe – mais bien sûr. Quel tour plus efficace pour éveiller les consciences de leur sommeil dogmatique ? Car, disait-il, dans un de ses cours : « On peut avoir une tête vide derrière un front ravagé par la métaphysique. » De là, ce vœu qui jamais ne le quittera : susciter à propos de tout et de rien un autre regard, et sur le tout et sur le rien. Un regard étonné de découvrir à tout instant le déjà-vu comme un perpétuel jamais-vu. Te l'ai-je assez répété ? Ce que j'aimais tant chez lui, c'était cette pensée en éruption, telle qu'on en voyait apparaître les thèmes au gré d'une de ces expressions qui n'appartenaient qu'à lui. Du coup, on pressentait l'ineffable grâce à la puissance d'évocation d'un dire enrichi dans l'instant de la coruscance de la formule. Et on s'apercevait qu'on n'avait pourtant jamais quitté l'ineffable, et on comprenait pourquoi. Du moins, on comprenait mieux. On ne verrait plus jamais le visible comme avant.

Vale.

Bien cher ami,

Tu es trop jeune pour te le rappeler. Mais pour moi, que de souvenirs ! Pie XII avait laissé une Église en conflit larvé avec son temps. Il y avait à cela bien des raisons. L'absolutisme pontifical, l'autisme de la curie, l'indigence d'esprit, d'ailleurs notoire, de certains hauts responsables, une ambiance malsaine de délation, et ces condamnations qui pleuvaient pour cause de non-conformité à la scolastique médiévale, érigée en point oméga de la philosophie ; cela faisait beaucoup aux yeux des milieux intellectuels. Mais, plus largement, le décalage obstinément maintenu entre le monde tel qu'il allait et une religion telle qu'elle était restée, s'imposant de façon dictatoriale et dans tous les domaines, tout cela était de moins en moins bien supporté par les chrétiens vivant pourtant sincèrement leur foi. Tant et si bien que le conclave de 1958 avait promu un cardinal d'apparence inoffensive et proche du quatrième âge. Roncalli ferait un parfait pape de transition, ce qui donnerait le temps de voir venir. La curie, italienne en grande majorité, respirait : dans l'immédiat, rien ne viendrait bouleverser les habitudes reconduites d'âge en âge, mettons depuis Boniface VIII. Or il se trouvait que Jean XXIII avait toujours été soucieux de l'union des Églises et, de plus, il restait marqué par la guerre, où il avait tant fait pour les Juifs persécutés. Et voilà bien que trois mois à peine après son couronnement, le bon pape Jean convoque un concile œcuménique ! Sur le moment, la curie fut consternée. Fâcheuse idée que le Saint-Père avait là. Mais qu'à cela ne tienne, le Saint-Office allait tout prendre en main, rédigerait les articles de A à Z. Ce serait même l'occasion providentielle de condamner quelques « erreurs modernes » à la façon du *Syllabus* de Pie IX ou du décret *Lamentabili* de saint Pie X. Quelques assemblées purement formelles, et les évêques venus du monde entier – 141 pays exactement – n'auraient plus qu'à signer en bas de page. Après quoi un beau *Te deum* à Saint-Pierre, et tout le monde regagnerait Fiumicino ou la gare Termini. Or cela ne se passa pas du tout ainsi. Grâce aux initiatives courageuses des cardinaux Frings et Liénart, approuvées par le pape, grâce aussi à l'intelligente obstination des futurs cardinaux Ratzinger, Poupard et, bien sûr, Congar, ce qui devait être une parodie devint, contre vents et marées, un concile authentique. L'Église romaine en sortit rajeunie et plus proche enfin des autres confessions. Ainsi Jean XXIII ne serait pas un pape de transition ; il serait, dit Congar, le « pape de la transition ». En effet, Paul VI, après lui, poursuivrait la tâche et rien ne serait plus comme avant.

À ce sujet, il faut que tu lises les deux tomes du *Journal du concile* de Congar parus au Cerf. Ils couvrent entièrement le temps du concile, préparation y compris. Congar y rapporte avec une sincérité absolue, un franc-parler surprenant, une drôlerie d'écriture attachante au possible, tout ce qui se passe durant ces années-là, et à tous les niveaux. Y compris dans les coulisses, entre une salle de réunion, le bar, voire les toilettes… Congar connaît tout le monde ; il s'implique à fond dans cette aventure. Avec lui, tu partageras tout, ses espoirs, ses déceptions, ses rognes devant les magouilles des bureaux, ou les hauts faits de tel « infra-médiocre sans culture, sans horizon » qui s'ingénie – si l'on peut dire – à saboter le travail des experts. Tu partageras ses joies aussi, quand cet homme de foi regarde son Église tant aimée, dont il a pourtant été si longtemps la victime, et la voit retrouver quelque chose de la sainteté de ses origines, au temps des Actes des Apôtres. Aujourd'hui encore, on se reporte à Masarelli qui tint le journal du concile de Trente, débuté en 1545. Longtemps dans les siècles à venir, on consultera ce témoignage. Théologiens, historiens, sociologues trouveront là une documentation de toute première main, étonnamment vivante, sur un événement essentiel du siècle dernier.

Vale.

Bien cher ami,

Depuis un bon demi-siècle, le bruit courait que Dieu n'était plus de ce monde : le scientisme, les dernières philosophies, les idéologies matérialistes l'avaient laissé pour mort. Ce qui malgré tout subsistait de l'*Homo religiosus* ne s'était pas remis de ce deuil, se consolant comme il pouvait avec des absolus de rechange, qui à l'usage se révélaient ruineux : les contes de fées prolétariens, le néopaganisme du *new age*, la position du lotus, les sectes avec réincarnation en option. Ou alors, il se saoulait pour oublier, usant et abusant du droit à la réplétion qu'il s'était attribué, et que les économistes défendaient avec chaleur. Jusqu'au christianisme qui depuis cinquante ans glissait au socialisme bénit, sous les yeux las d'un clergé du troisième âge, revenu de ses excès de dogmatisme d'autrefois, comme d'ailleurs de bien des choses.

Seulement, voilà, c'était un faux bruit : Dieu n'est pas mort, il va bien, merci, beaucoup de gens vous le diront, qui le rencontrent tous les jours. Quant à l'Église, tant de fois vouée par ses adversaires à une mort imminente, elle n'en finit pas d'enterrer ses fossoyeurs. Ce serait plutôt le monde du troisième millénaire qui pourrait aller mieux. Il se déprime du coup de vieux que prennent ses idées neuves ; il se désole de constater que le progrès des sciences n'a toujours pas résolu la question de savoir pourquoi il y a quelque chose plutôt que rien, et ce que l'homme vient faire là-dedans pour un temps seulement. Il déplore que l'affolement des techniques, provoqué par la paranoïa des financiers, le conduise peu à peu au statut de poulet élevé en batterie. Et finalement, il ne se fait toujours pas à l'idée de mourir un jour, même plus vieux, et même si l'on s'arrange pour étouffer le scandale…

Il y a des remèdes à ce mal du monde, simples et difficiles. Encore faudrait-il que les chrétiens acceptent de se relayer à son chevet, car remettre le monde sur pied, le rendre un peu heureux, prendra du temps. Il va falloir au monde du troisième millénaire très exactement, encore que ce soit sous une forme nouvelle, une *païdéia*, une éducation (je serais tenté de dire, vu l'état du monde, une rééducation…), à partir des richesses sans nombre que le christianisme a laissées au cours des siècles et dans tous les domaines.

Vale.

Bien cher ami,

Par tous les dieux, que le temps passe donc vite ! Tes échos m'ont donné le frisson, rétrospectif. D'accord avec Pierre Aubenque sur l'éternité : c'est une illusion de voir l'Un comme une sorte de Super-Bon-Dieu, alors que tous les dieux, pissent-ils super, ne pissent pas plus haut que la deuxième hypostase.

Quant au cher saint Thomas, il est bien gentil, et c'est avec une grande conscience qu'il a commenté le pseudo-Denys, parce qu'il ne croyait pas le pseudo. Autrement, il l'aurait laissé de côté, en disant : « Qu'est-ce que c'est que ces conneries ? » Parlez-moi de Scot Érigène, ça oui. Les autres... Aristote décaféiné leur va très bien...

Tu dois me comprendre, à présent, d'avoir déserté les empoignades stériles de la métaphysique (distrayantes, parfois) pour la philologie et l'histoire. C'est probablement aussi fragile, mais c'est plus rigolo, et les types ont moins tendance à se – comment dire ? – à se prendre pour le Christ selon saint Irénée de Lyon : *omnem novitatem attulit seipsum afferens*.

Vale.

Bien cher ami,

Tu me disais un jour que le plotinisme donnait peut-être dans le genre « je n'ai qu'une âme, qu'il faut sauver ». Or, précisément, nous sommes *tous* animés par l'Âme du monde, et c'est universellement – si chacun veut s'en donner la peine – que nous accomplissons le retour vers le Principe. Mais force nous est de constater que c'est à chacun de se mettre en route, à partir de ce qu'il reçoit incessamment. Quant à ceux qui restent en rade, ma foi, tant pis, ça les regarde et on s'en fout. Il y a bien, comme tu le dis, quelque chose comme un *corpus mysticum*, à cela près que c'est une *anima mystica*, et que ce plérôme ne se rejoint que par un dépouillement voulu, j'allais dire : aimé, par rapport à la matière, puis par rapport à l'individualité. On se perd, vraiment, dans l'infini. C'est, en effet, tout proche de Spinoza. Et il n'est pas étonnant que le plotinien que je suis voie d'un œil plein de connivence le divin Baruch... Mais Plotin est peut-être plus radical encore, non ?

Vale.

Bien cher ami,

Cela est sûr : notre ami avait quelque chose de Socrate, du Socrate de Platon. Ce même air de se moquer du monde – et s'il n'en avait eu que l'air... –, cette affabilité vraie, et cette vertigineuse profondeur de l'esprit, qui avait sur l'interlocuteur plus ou moins avisé le fameux effet-torpille expérimenté par Ménon. Oui, tout y était, même le courage physique. Et ce ne fut point à la retraite de Potidée, ni dans la prison athénienne, mais pis, dans la sinistre guerre d'embuscades que lui imposa sa maladie.

Parlons de l'homme. Notre ami, c'était frappant, récapitulait en lui tous les systèmes philosophiques de l'Antiquité, qu'on a si grand tort de considérer séparément. Alors précisément que les Anciens, moins sectaires que nous, disputaillaient entre eux des grands principes, mais s'entre-éclairaient au quotidien des intuitions adverses. Qu'on relise seulement les quatre premiers livres des *Lettres à Lucilius* ! Oui, des grands systèmes antiques, notre ami vivait au jour le jour le meilleur. Stoïcien dans sa résignation délibérée à l'ordre d'une nature, d'une *physis* exactement connue. Épicurien dans la juste attention à ces mille petits plaisirs qui finissent par faire un bonheur. Sceptique, bien sûr, n'acceptant jamais un héritage conceptuel que sous bénéfice d'inventaire. Aristotélicien par la rigueur qu'il apportait à l'examen du réel et à sa traduction en chaînes de raisons. Comme nos Anciens, notre ami s'enracinait, *volens nolens*, dans l'insondable platonisme, dont les échappées sur l'infini sont bien l'une des rares lueurs d'espoir traversant la philosophie. Et derrière, il y avait Socrate, à qui, disions-nous, il faisait penser, précisément parce qu'il ne jouait pas à lui ressembler. Et puis, les sophistes, ces grands méconnus : le pédagogue qu'il était dans l'âme, mi-plaisant, mi-sérieux, en mimait parfois la démarche, forçant le disciple – ou le collègue qui s'écoutait parler

– à prendre le discours pour ce qu'il est, tantôt captieux, tantôt illusoire, souvent inutile – parfois même vrai. Et finalement, à la source, il y avait ces présocratiques auxquels il aura consacré des années, tour à tour exégète et commentateur de cette bible, au sens étymologique, fragments et livres empilés qui n'en font qu'un seul où est écrit ce qui fut « au commencement ».

On ne lui en contait pas. Pas plus qu'à Socrate, encore une fois. *Nox est perpetua una dormienda* (Catulle, VI, 5). Heureusement, les livres vivent plus longtemps que les hommes et ils ne dorment leur éternité que d'un œil.

Vale.

II

SUR LE TEMPS, L'HISTOIRE ET L'ÉTERNITÉ

La pensée grecque[1]

Ainsi, votre illustre Compagnie a voulu, Messieurs, appeler à elle un Gallo-Romain. Il est vrai que cet habitant des terres brumeuses de l'Occident a passé ses jours à observer, avec une passion qui jamais ne s'est éteinte, les relations entre la Grèce éternelle et la Rome des Césars, entre les Grecs, qui régnaient sur l'esprit, et les Romains, qui régissaient l'espace et le temps, et dont les meilleurs, sans trop oser le dire, ne se consolaient point de n'être pas nés Athéniens.

Le temps, Messieurs, ne sépare pas ; il unit. Au point que, vivant plus volontiers en ces époques-là qu'en ce siècle sur sa fin, il arrive à votre confrère gallo-romain de s'y croire toujours. C'est ainsi qu'il regarde, amusé, la suite de Néron, quand en septembre 66, il s'en vint ici même, deux cent soixante-deux ans après le consul Flamininus, proclamer, citons-le, « la liberté des

1. Discours prononcé en 1997 à l'occasion de la réception de Lucien Jerphagnon à l'Académie d'Athènes.

Grecs », une liberté qu'au fond de leur âme, les Grecs n'avaient jamais perdue, ni ne perdraient à aucun moment de leur si longue histoire. Ou encore, tout en bout de table, le Gaulois se divertit à écouter Hadrien – archonte en Grèce depuis 111-112 – taquiner le bon Phavorinos, ce Grec né lui aussi en Gaule, ami de Plutarque de Chéronée. Et surtout, dans les années 260, alors que déjà sur l'Empire les ombres s'allongent, il est là, avec Porphyre, avec Origène, écoutant Plotin, et comme eux comprenant l'admiration que portent au maître Gallien et Salonine, le dernier couple impérial philhellène... Ce serait à croire, Messieurs, que le temps n'existe que pour ceux qui le veulent bien.

Or voilà que ce Gaulois romanisé, et donc hellénisé dans la même mesure, se voit aujourd'hui accueilli, pour indigne qu'il s'en juge, en cette Académie d'Athènes dont le prestige tient à la fois au renom de ses membres – et de cela on parlait lors de la toute dernière rentrée de l'Institut de France – et au symbole attaché à son nom depuis deux mille quatre cents ans. Car, en établissant son école aux jardins d'Akadémos (lieu que Porphyre prétend « non seulement désert et éloigné de la ville, mais, à ce qu'on dit, malsain », Porphyre, *De abstentia*, I, 36), Platon, sans le savoir, donnait un nom à toutes les Compagnies à venir, gardiennes des plus hauts savoirs. Et depuis Marsile Ficin, plus de cinq siècles attestent que ce nom a prévalu partout et toujours. Et donc si, en terre d'orthodoxie, je puis risquer cette comparaison, de même que l'Église de Rome tient l'insigne basilique de San Giovanni in Laterano pour « la mère et la maîtresse de toutes les églises » de l'Occident (« *mater et magistra omnium ecclesiarum* »), de même l'Académie d'Athènes, par la grâce du divin Platon, est en quelque façon *mater et magistra omnium Academiarum*, la mère et la maîtresse de toutes les Académies.

C'est bien pourquoi, Messieurs, l'honneur qu'en ma personne vous faites à la France (j'allais dire : à la Gaule…) m'accable en même temps qu'il m'exalte. Enfant naturel de la *philosophia* des Grecs, je me vois, par l'effet de votre choix, comme reconnu et légitimé par Platon en la personne de ses successeurs à Athènes. Il y a là plus qu'un honneur : une seconde naissance à l'hellénité. Et de cette élection, au sens profond du mot, qui me vaut d'être plus grec encore d'esprit, puisque maintenant des vôtres, je n'aurai pas trop, Messieurs, du reste de mes jours pour vous remercier et pour tenter de m'en montrer digne, *tauta ouk hybris*, bien sûr.

Pour nous, Messieurs, qui venons de ces contrées jadis habitées par ceux qui parlaient des idiomes confus, et que pour cela vous appeliez *barbaroi*, c'est un bonheur en même temps qu'un devoir de reconnaître l'étendue de notre dette. Ce que nous devons au génie des Grecs, on l'a dit et redit depuis saint Augustin jusqu'à Hegel, et l'exercice même de la philosophie, par la distance qu'il marque avec les choses, est depuis les commencements l'attestation d'un esprit affranchi. Ces précurseurs que nous appelons les présocratiques avaient donné aux hommes d'autres yeux pour percer le secret des apparences et, du coup, le monde s'était mis à intriguer les hommes. On lui cherchait un fondement, une nature, mais, cette fois, raisonnables. À ces premières lueurs de l'esprit se levèrent les premiers systèmes, qui tous tendaient à rendre moins opaque le monde aux yeux des hommes, et moins impénétrables leurs destins. À mesure qu'on distinguait *muthos* et *logos*, pour le dire comme Pindare, à mesure que s'accusait la distance entre le mythe, lourd de majesté terrifiante, et l'humaine parole, si fragile, mais vérifiable, moins implacable se faisait la pesanteur des travaux et des jours. L'univers était devenu lisible, et c'était là le fruit de la pensée. Non, certes, qu'elle eût congédié les dieux, mais elle situait les hommes par rapport, non plus à l'Olympe, mais à une certaine idée de l'Olympe. Et aux questions que se posaient les hommes, c'étaient les hommes qui, maintenant, répondaient, et c'étaient les hommes qui du chaos faisaient un cosmos. Ainsi, Xénophane avait dit vrai : « Ce n'est pas dès le commencement que les dieux ont tout dévoilé aux mortels, mais en cherchant, ceux-ci, avec le temps, ont découvert le meilleur » (Stobée, *Florilège*, III, 29, 41).

À peine avait-on commencé à savoir, que déjà l'on se réjouissait de savoir qu'on savait. Quand viendra Socrate, les plus avisés sauront, comme lui, qu'ils ne savaient pas, et de tous les savoirs, celui-là ne serait pas le moins fécond, peut-être parce que toute connaissance se révélait soudain stable et instable à la fois, tour à tour absolue et relative, porteuse de vie et de mort. Et il ne faudra pas moins que ce juste soit condamné pour qu'on sache que philosopher, c'est aussi rendre habitable la cité des hommes, dût-on le payer de sa vie. Leçon trop haute, et qui nous restera jusqu'à la fin des temps comme un reproche. « Tous ceux que sauve aujourd'hui la philosophie, écrit à Thémistios l'empereur Julien, c'est à Socrate qu'ils doivent leur salut » (Julien l'Empereur, *Lettres*, X).

Platon dirait aux hommes que si la perfection n'est pas de ce monde, ce monde procède de la perfection, qu'on voit mal si bas. On se reconnut alors parmi les prisonniers de la caverne (et, à vrai dire, n'y sommes-nous pas toujours ?). Mais par la magie des *Dialogues*, du moins gardons-nous dans notre nuit la nostalgie de la lueur entrevue et l'espérance fondée d'en connaître l'éternelle plénitude. Certes, la cité que décrivent les livres de la *République*, le monde des formes que fixe l'aurige du *Phèdre*, ne sont, dira-t-on, que la projection dans les cieux de notre aspiration à une vie délivrée. Soit, mais il n'est pas indifférent, il n'est pas superflu que l'humain ait été ainsi magnifié en pensée, dût-il n'exister, comme dit Glaucon, « en aucun lieu du monde » (Platon, *République*, IX, 592 b). Mais qu'aurait donc été un monde sans Platon ?

Vint Aristote, qui renoua avec la physique, et sur de

vieux problèmes posa un regard neuf. Il mit dans les mots et les choses un ordre qui résisterait à l'érosion des siècles. Et vinrent les temps hellénistiques, la mutation politique et tout autant psychologique entraînée par l'épopée macédonienne et l'expansion romaine. « Ne vivent seuls, avait dit Aristote, que les monstres et les dieux » (Aristote, *Politique*, A 2, 1254 e). Or les cités d'autrefois, où *l'animal politique* s'était affirmé et affiné, les cités ne seraient plus, désormais, que des municipalités, disséminées dans de vastes empires. Ainsi décentrés, les citoyens devraient inventer d'autres manières d'être soi dans un univers redessiné au gré des conquérants. Une *societas humani generis* naissait de la force des choses. Encore fallait-il n'y point perdre son âme, préserver au fond de soi une enclave inexpugnable, une exterritorialité spirituelle, où chacun serait sujet et souverain, comme autrefois dans sa cité perdue, citoyen de son âme en même temps que citoyen du monde. Ce fut, là encore, une leçon des Grecs, dont la langue allait partout se répandre, et la culture s'étendre, aux dimensions d'un monde indéfiniment agrandi. Exorcisant les terreurs et les avidités, les folies et les phobies des hommes, épicuriens, stoïciens et cyniques leur proposeront, chacun à sa manière, une psychagogie, des repères, une manière d'être libres. Que l'on choisisse de se dégager des servitudes de la vie publique, ou de s'y engager, du moins goûtera-t-on, au prix d'une discipline fondée sur la raison, cette paix intérieure qui tant ressemble à du bonheur.

À ce simple rappel, Messieurs, de ces victoires de la pensée hellénique sur la nuit des origines, et de la pensée hellénistique sur tant de mutations, à cette énumération qui pour nous correspond à une reconnaissance de dette, j'aimerais ajouter un élément, trop souvent négligé par les historiens de la pensée, et que pourtant je tiens pour inhérent au génie grec : je veux dire le sens toujours présent de la mesure. Car si chacune de ces écoles propose du monde sa vision bien à elle, aucune ne prétend pour autant, comme le feront nos modernes systèmes, délivrer le dernier mot sur la nature des choses, et mettre le point final à une aventure qui n'aurait que trop duré. C'est, à mon sens, tout le contraire. Ainsi, c'est au moment où, dans les *Dialogues*, on va enfin savoir, que Socrate paraît s'esquiver dans le mythe. C'est à l'instant où ils se dérobent à la relativité des mots, que l'Un, le Bien, le Vrai, le Beau, l'Amour révèlent l'absolu de leur essence. Platon, se référant au ciel des Archétypes et décrivant la république idéale, fait dire à Socrate, au livre IX : « De cet État, il y a peut-être un modèle dans le ciel pour qui veut le contempler, et régler sur lui son gouvernement ; au reste, que cet État existe quelque part ou soit encore à venir, peu importe : c'est de celui-là et de nul autre qu'il suivra les lois » (Platon, *République*, IX, 592 a-b). Et de cela, je perçois un écho sept siècles plus tard, quand Saloustios, assurant que les âmes vertueuses partageront le bonheur des dieux, ajoute simplement : « Et si rien de tel ne devait leur arriver, la vertu elle-même suffirait à rendre heureux ceux qui ont choisi de vivre selon elle, et qui l'ont pu » (Saloustios, *Des dieux*, XXI, 1). On pourrait évoquer Aristote, qui sait tout des cieux, du Premier moteur et de la Pensée qui se pense, et qui prend soin de préciser qu'une cité doit rester à l'échelle humaine : il faut pouvoir, dit-il, l'embrasser d'un seul regard (et là, nous pouvons imaginer de quel œil Aristote regarderait nos modernes mégapoles, de moins en moins habitables précisément parce que de moins en moins humaines). Il faudrait encore citer Épicure qui du plaisir faisait « le commencement et la fin du bonheur », et qui exaltait celui qu'on prend au pain d'orge et à l'eau et se promettait un festin délicat si un ami lui envoyait un petit pot de fromage. Il faudrait rappeler les exigences des stoïciens à l'endroit du sage, si hautes en vérité qu'il leur fallait bien reconnaître n'en avoir jamais rencontré un seul.

Ainsi, cette dialectique de l'un et du multiple, de l'illimité et de la limite, de l'absolu et du relatif, de l'universel et du particulier, du parfait et de l'imparfait, exorcisait d'avance le mauvais démon de l'*hybris*, de la démesure qui aimerait s'affranchir des limites du possible, et qui voudrait faire porter au discours humain une charge d'absolu qu'il ne peut contenir. En philosophie, ferons-nous jamais mieux qu'entrevoir ? Bergson, fin connaisseur de la pensée grecque, disait à propos des plus hautes intuitions : « Je ne sais pas, mais je devine parfois que je vais avoir su[1]. »

Et si cette conscience de leur simple humanité, soulignée par les philosophes eux-mêmes, n'avait pas suffi à décourager la suffisance, si même l'oracle avait échoué à rappeler au philosophe qu'il n'est pas un dieu, la tradition y aurait pourvu. Les doxographes grecs ont recueilli, en effet, et non sans malice, mille petites choses qui se disaient des uns et des autres, et du coup, le message des philosophes se nuance d'un soupçon d'ironie, d'une pointe de dérision, d'une touche de plus d'humanité. Mieux vaudrait tout de suite reconnaître qu'il y a là un esprit, et qu'il rejoint en l'amplifiant la conscience qu'avaient les philosophes grecs de leur propre finitude. Et donc, en donnant au monde la *philosophia* sous tant et tant de formes, les Grecs laissaient entendre qu'il était prudent de ne s'inféoder à aucune. Ainsi, parallèlement à la naissance de la démocratie, dont nous célébrions ici même, il y a cinq ans, le 2500e anniversaire, c'était une liberté de plus, et tout comme l'autre souveraine, dont les Grecs suscitaient l'idée et le désir.

Certes, toutes ces visions du monde s'affrontèrent au cours des âges, suscitant des discussions parfois passionnées, souvent goguenardes. C'est ainsi qu'un Sénèque

1. Cité par Vladimir Jankélévitch, *La Mort*, Paris, Flammarion, 1966, p. 422.

pourra dire qu'il est plus facile, à Rome, d'accorder deux horloges que deux philosophes (et souvenons-nous qu'à Rome, nul n'a jamais très bien su l'heure...). Pourtant, en des temps moins idéologiquement sectaires que les nôtres, ces courants si divers se croisèrent, s'enrichissant de leurs différences, et contribuant, avec les œuvres de vos poètes et de vos tragédiens, de vos historiens, de vos sculpteurs et de vos architectes, à cette élégante harmonie de chacun avec la nature, avec la cité et avec soi-même que, bien plus tard, on appellerait humanisme.

Occupé depuis tant d'années par la civilisation romaine, je fus bien placé, Messieurs, pour observer à travers les siècles le rayonnement, et jusqu'aux confins d'un si vaste empire, de tant d'idées et d'images nées sous le soleil de la Grèce. Envoûté par la magie de l'éternel présent que j'évoquais en commençant, j'ai vu se former le cercle des Scipions, et Cicéron se construire une pensée ; j'ai lu par-dessus l'épaule de Marc Aurèle la page où il rend grâces aux dieux d'avoir été éduqué à la grecque. J'ai regardé Aulu-Gelle et Macrobe recopier pour leurs enfants ce qui, de tant de trésors, ne devait pas se perdre (et n'est-ce pas Macrobe qui confesse qu'on ne comprend rien à Virgile si l'on ne connaît à fond la Grèce ?). J'ai remarqué que le jeune Augustin changeait à vue d'œil à mesure qu'il lisait les *libri platonicorum* prêtés par ses amis platoniciens du cercle de

Milan (et, me disais-je, que n'a-t-il fait, comme avant lui l'empereur Julien, un stage aux écoles d'Athènes ! La théologie latine en eût été changée…). J'ai visité Boèce dans sa prison, et j'ai su que la divine *philosophia* serait sa dernière consolation. Et passé l'interminable voyage au bout de la nuit d'un Occident sinistré, j'ai vu Jean Scot Érigène cheminer à travers les Pères grecs, et soudain déboucher dans la lumière oubliée de Plotin et de Proclos. Et dans les turbulentes universités médiévales, j'ai vu les étudiants se prendre de passion pour un Aristote perdu depuis six siècles, et qui tout soudain devenait le philosophe par excellence. Au reste, les chrétiens d'Occident ont-ils jamais oublié ce qu'ils devaient aux Grecs ? Récemment encore, au Vatican, où il exerce les fonctions de ministre de la Culture, Son Éminence le cardinal Poupard exaltait « l'audace créatrice des Pères grecs du IVe siècle, qui surent utiliser toutes les ressources de la *paideia* grecque pour inventer une pédagogie chrétienne, toute neuve dans sa finalité, mais entièrement construite à partir des ressources et de la structure de la pédagogie grecque[1] ».

Au spectacle d'une si longue histoire, un fait me tient émerveillé depuis mes jeunes années : ce n'est point par les armes que la Grèce s'est donné un empire, et pas davantage elle ne s'est soumis des esclaves ou des

1. Paul Poupard, « Pédagogie chrétienne et culture moderne », in *Impacts*, 1995/3-4, p. 9.

vassaux, imitateurs ou copistes de son génie, comme trop souvent on l'a dit. Chaque peuple a puisé dans les trésors de la Grèce de quoi construire sa propre richesse : il y a bien une philosophie romaine, il y a un art romain (mon savant ami Robert Turcan l'a définitivement montré[1]), et il en va de même pour tous les arts, sur qui toujours régneront les neuf Muses. Ainsi avez-vous éveillé en nous la passion de nous créer nous-mêmes ; vous nous avez engendrés à la liberté, tant il est vrai que, selon Plotin, le maître de mes vingt ans, toute hypostase procède de soi-même en même temps que de son principe. Et si l'on m'objecte que les Grecs n'ont pas nécessairement servi plus que d'autres peuples les valeurs qu'ils promouvaient, je répondrai avec mon maître et mon illustre amie Jacqueline de Romilly, que « les Grecs, du moins, ont su dire ce qu'ils auraient dû être, et définir des valeurs, et quelquefois mourir pour elles[2] ». On ne s'en remettrait plus entièrement, comme auparavant, à des traditions indigènes ; on ne se contenterait plus de vagues aspirations : une image claire, radieuse, universelle, s'imposait du bien, du vrai et du beau. Elle rayonnait de vos textes, de vos sculptures et de vos temples, et chacun découvrait une fierté, jusque-là

1. Voir Robert Turcan, *L'Art romain dans l'histoire*, Paris, Flammarion, 1995.

2. Jacqueline de Romilly, *Pourquoi la Grèce ?*, Paris, Éd. de Fallois, 1992, p. 296.

inconnue, à réaliser, à sa mesure, l'humain tel qu'il doit être : *kalos kagathos*. La formule a fait le tour du monde antique, et mon éminent ami Evanghélos Moutsopoulos en a brillamment montré le passé et l'avenir. « Les institutions, dit-il, les sciences, les arts et la philosophie de l'Europe gardent à jamais l'empreinte des valeurs créées par l'hellénisme. »

Dans l'Athènes antique, le foyer commun brûlait sur l'Agora, concentrant symboliquement dans sa flamme sacrée les feux épars de tous les foyers domestiques. Là était le cœur de la cité. Je vois là l'image de ce feu de l'esprit que vous avez allumé tandis que, *barbaroi*, nous nous accommodions des ombres de la Caverne. J'y vois l'image de ce feu qui de la Grèce gagna toutes les contrées du monde antique et, de proche en proche, les terres les plus reculées où vivaient mes ancêtres. Ainsi, la pensée s'était emparée de l'espace et du temps, et de ce feu-là, qui brûlerait dans des myriades de foyers de par le monde, Athènes serait pour toujours la gardienne.

Le matin des tragédiens

Le livre de Jacqueline de Romilly, *Le Temps dans la tragédie grecque*[1], réunit six essais érudits sur Eschyle, Sophocle et Euripide. Or ce que l'auteur suit pas à pas chez les trois tragiques, c'est une certaine façon d'éprouver le temps et le rôle du temps dans la vie des hommes d'alors. Et cette pensée non explicite, vécue, du temps, nous la voyons clairement dépendre des vicissitudes historiques d'Athènes et de l'expérience qu'en avaient pu recueillir les Athéniens au cours d'un siècle. C'est dire l'importance documentaire de cette étude : destinée d'abord aux hellénistes, elle présente un intérêt philosophique évident, et c'est, bien sûr, dans cette seule perspective que je me permettrai d'en traiter ici. Du point de vue de l'histoire de la philosophie grecque, il m'a semblé que trois observations s'imposaient : l'une touchant le temps et le moment, la deuxième le temps et l'éternité, la

1. Jacqueline de Romilly, *Le Temps dans la tragédie grecque*, Paris, Vrin, 1971.

troisième le temps et la personnification du temps. Ce sera une façon de dégager les harmoniques philosophiques de ce livre remarquable et, partant, d'être fidèle au propos explicite de l'auteur.

Si le temps n'avait pour ainsi dire aucun statut conceptuel dans la pensée archaïque, en Grèce, nous dit Mme de Romilly, il en arrive à se dégager comme dimension consciente à partir du Ve siècle av. J.-C., avec Pindare d'abord, puis dans la tragédie qui apparaît, de ce point de vue, comme le fruit d'une évolution : « En ce sens, toute tragédie présente et commente un effet du temps[1]. » D'un temps présent à la conscience comme texture d'un certain bouleversement travaillant les vies humaines. Mais cet effet du temps ne se laisse bien voir, il faut le remarquer avec soin, que dans une portion, dans une tranche restreinte, du temps vécu. Il apparaît, de façon générale, dans la *journée* tragique (cf. Aristote, *Politique*, 1449 b) : « L'action tragique s'installe dans un présent unique, auquel elle nous oblige à participer minute par minute. Elle imite directement la vie et ne suppose l'intervention d'aucun narrateur : elle suit donc ce qui arrive aux personnages, au fur et à mesure, en nous associant à leurs émotions. Elle en épouse le déroulement, selon un rythme qui reproduit le rythme même du temps » (J. de Romilly, *op. cit.*, p. 12). Ici, je serais tenté d'insister, avec Victor

1. *Op. cit.*, p. 11.

Goldschmidt, sur cette question de l'unité de temps, dont Aristote, dans le texte évoqué plus haut, ne parle guère qu'incidemment, et de la rapporter, selon une remarque de Louis Séchan à laquelle Goldschmidt fait droit, moins au temps physique – une révolution du soleil – qu'au « temps proprement tragique qui s'évalue psychologiquement, et précisément, en fonction de l'unité d'action[1] ». C'est que cette « journée »-là est dense ; elle rapporte, au dire d'Aristote, une action « élevée et complète ». Or, à s'inscrire dans une continuité aussi brève, le sens et la portée de cette action tumultueuse en sont majorés d'autant : chaque instant du présent est, en effet, chargé d'hérédité et prégnant d'avenir. La tragédie est « une considération sur une phase du devenir », et « ce n'est peut-être pas par hasard que la tragédie se trouve naître au moment même où naît l'histoire » (J. de Romilly, *op. cit.*, p. 15).

Sans doute est-ce la densité même de la journée tragique qui devait alerter l'esprit sur la liaison dramatique du dénouement et de l'instant. Aussi remarque-t-on – chez Eschyle notamment – l'usage très large que font les tragiques de ce que j'appellerais volontiers le vocabulaire de l'extemporané : *nun*, *kairos*, *arché*… Il y a du décisif dans la vie des héros, et le temps qui porte de si loin cette imminence sait la concentrer, de façon

1. Victor Goldschmidt, *Questions platoniciennes*, Vrin, 1970, p. 135, n. 256.

vertigineuse, en un point et un seul ; il la concentre en un instant, de quoi tout se met à dépendre : C'est le moment… Maintenant… Voici l'heure… Une fois présente à la conscience des hommes, fût-ce de cette façon enveloppée, imagée et tout imprégnée de vécu, cette dimension insaisissable, impalpable, de l'instant ne se laissera plus oublier, et elle posera à l'*Homo sapiens philosophans* ses questions inextricables et ses apories cruelles. Il est d'ailleurs bien intéressant de suivre avec Mme de Romilly le parti que tirent les trois tragiques de cette découverte de l'instant, d'autant qu'à cette question difficile, elle a soin d'apporter autant de références qu'il est requis pour la bien résoudre. En très gros, disons qu'Eschyle voit venir l'instant de loin ; à vrai dire, l'instant est chez lui avènement : il advient plutôt qu'il ne survient. Sophocle le tient, lui, pour un tournant brusque et saisissant, générateur d'instabilité dans la destinée des hommes. Chez Euripide, il est surprise de l'événement que l'homme, dispersé, dissipé par ses émotions, n'attendait plus.

Facteur essentiel dans la structure de la tragédie, le temps – et c'est ma seconde remarque – ne la domine pourtant pas intégralement. Il faut ici faire un sort aux précieuses remarques de l'auteur touchant le rapport, finalement harmonieux, qu'a le temps de la journée tragique avec la stabilité supérieure, pérenne, d'un univers bien organisé. On notera d'abord que Mme de Romilly corrobore l'avis des spécialistes de la philosophie grecque, et notamment de Pierre-Maxime Schuhl, estimant qu'on a bien exagéré la portée de la fameuse doctrine du temps cyclique et de l'éternel retour, qui a fini par virer au cliché. Il est cependant certain que les Grecs « aimaient l'idée d'un *cosmos* [...] dans lequel le temps présiderait à des alternances régulières plutôt qu'à un progrès ouvert à de perpétuelles transformations » (J. de Romilly, *op. cit.*, p. 27).

Mme de Romilly note encore que cette jeune conscience du temps se développe, au temps de la tragédie, « chez un peuple pour qui le temps ne fut jamais ce mouvement irréversible et perpétuel, dans lequel les auteurs modernes déclarent se sentir pris » (*ibid.*, p. 32). D'où, alors, la présence, dans la structure même de la tragédie, de « quelque chose qui, dans une certaine mesure, est un refus du temps » (*ibid.*), à savoir les chants du chœur, qui introduisent un brusque relâchement de la tension dramatique. Ces coupures quasi liturgiques impliquent qu'« il y a rémission et alternance ». Le temps tragique est repris selon une mesure – c'est le mot –, qui nous installe dans l'éternelle harmonie du monde : les thèmes ainsi chantés opèrent le plus souvent une abolition du temps ; ils en suspendent le vol au profit de la méditation d'une éternité ou d'une sempiternité plus sereine que le devenir et ses angoisses. Ce point me paraît très important, et les recherches de Mme de Romilly permettent, à mon sens, de compléter, voire d'infléchir, une belle étude de Goldschmidt sur le problème de la tragédie d'après Platon. Goldschmidt écrit : « La tragédie n'est faite que de paroles irrévocables, d'actions irréparables et d'événements dont l'enchaînement rigoureux est déterminé par la causalité mécanique du Devenir. Si le Temps est l'image de l'Éternité (cf. *Timée*, 37 d), c'est parce qu'il est un circuit, un retour, un recommencement et une réparation. Mais le temps tragique est linéaire ; tout ce qui s'y passe engage l'avenir et ce qui s'y achève, en désespoir ou en félicité, usurpe l'éternité » (V. Goldschmidt, *op. cit.*, pp. 315-316). Mais, linéaire, le temps de la tragédie le serait si les psalmodies du chœur ne venaient, précisément, en briser le cours et le subordonner à une autre instance, mystérieuse et sereine, qu'il ne fait plus, dès lors, qu'imiter ! Et nous retrouvons, en effet, mais à l'état d'intuition confuse, la définition fameuse de *Timée* (37 d), qui donne le temps comme l'image (*eikona*) mobile et comme le mime (*mimouménou*, 38 a) « de l'éternité immuable en son unité ». Ainsi, ce qui se passe dans la journée tragique n'usurpe pas, selon moi, l'éternité, mais l'imite, du moins si l'on tient compte des chœurs. Et je le crois d'autant plus volontiers que je songe à l'exégèse profonde que Joseph Moreau vient encore de proposer de ce passage : « Cette formule célèbre est ordinairement mal comprise ; on l'entend le plus souvent comme si la succession temporelle était un succédané de l'éternité ; elle en est, au contraire, la négation, la dispersion.

Si le temps peut être regardé comme une image de l'éternité, c'est dans la mesure où la succession est soumise à des retours périodiques [Moreau et Goldschmidt ici se rejoignent], où la mobilité est réglée par le nombre : “Tandis qu'il ordonne le Ciel (c'est-à-dire en y introduisant des révolutions périodiques), le Démiurge produit de l'éternité qui persiste dans l'unité, une image qui se déroule perpétuellement selon le nombre” (37 d). C'est parce que son cours est rythmé par le nombre, par les périodes sidérales, que le temps, dans sa mobilité, imite l'unité de l'*aion*[1]. » Dans le même sens, Aristote dira un peu plus tard que le temps n'est pas défini par le temps. On est donc, sur chaque plan, dans une situation de *mimésis*, d'imitation : l'imitation tragique représente la vie même, et, par le biais des chœurs, le temps de la tragédie, comme tout temps dans l'expérience hellénique, est imitation de l'éternité.

Troisième ordre d'observations : si dans leurs réflexions sur la tragédie grecque, beaucoup présentent le temps comme personnifié, donc comme ayant une dimension divine, Mme de Romilly n'hésite pas à affirmer que pour les Grecs, le temps – entendons : *chronos*, le temps courant, ordinaire, par opposition à *aion*, le « temps » éternel, sacré, immuable – « n'est jamais une véritable personne mythologique, avec son statut fixé

1. Joseph Moreau, *Plotin ou la gloire de la philosophie antique*, Vrin, 1970, pp. 130-131.

par une tradition religieuse et populaire » (J. de Romilly, *op. cit.*, p. 35). En passant, il est fait justice de la confusion courante entre *Kronos*, le dieu, le père de Zeus, et *Chronos*, le temps qui court : pure assimilation verbale, dont les orphiques, dans leur souci de faire du temps un principe pur, sont probablement responsables. Il est plus délicat de déterminer à partir de quand s'est opérée cette assimilation. Ici, Mme de Romilly rejoint l'avis de Werner Jaeger sur ce que ce dernier appelle « un tour de passe-passe étymologique transparent[1] » : même s'il faut faire remonter ce jeu de mots tendancieux à Phérécyde, au milieu du VIe siècle av. J.-C., il s'agit moins, en l'occurrence, d'un dogme reconnu que de l'invention astucieuse d'un penseur soucieux de donner à des idées neuves sur le temps un conditionnement mythocosmogonique. « Tout se passe, en somme, écrit Mme de Romilly, comme si des philosophes, à l'époque où l'idée de temps prit de l'importance, avaient voulu à toute force insérer ce temps dans un système mythologique et cosmogonique, qui l'excluait à l'origine : leur pensée témoignerait donc d'un effort bien délimité, non d'une tradition générale » (J. de Romilly, *op. cit.*, p. 37). Si donc dans la tragédie se remarque une certaine personnification du temps, il ne peut guère s'agir que d'un procédé commode pour évoquer, concrètement, les

1. Werner Jaeger, *À la naissance de la théologie*, Paris, Le Cerf, 1966, p. 76.

caractères d'un temps découvert comme catégorie. On personnifie le temps selon un propos anthropomorphique, dirais-je, plutôt que théomorphique ou divinisant, et cela à mesure que ses caractères, progressivement découverts et bien situés, font justice de son mystère : « Le temps grec n'est devenu une divinité que lorsqu'il a cessé d'être divin » (*ibid.*, p. 55) – ou, à tout le moins, numineux ou mystérieux.

« La tragédie, en somme, est un bon miroir. Car, bien que chaque auteur ait des idées qui lui sont propres, bien qu'il compose chaque pièce librement, il se trouve qu'en fin de compte l'histoire du genre tragique reflète une dialectique interne, au cours de laquelle l'idée de temps évolue régulièrement, en fonction de l'évolution même des tendances intellectuelles » (*ibid.*, p. 78). Gageons que d'aucuns seront tentés d'aller chercher ailleurs, dans les infrastructures socio-économiques et politiques, les solidités ultimes dont la tragédie serait le reflet. C'est un beau risque, qu'il n'est pas de ma compétence de tenter ni même d'apprécier, mais qui, dans la mesure où il aboutirait, compléterait, selon une autre dimension du réel, ce que nous devons à Mme de Romilly, et qui est considérable. Rares, en effet, sont les études qui donnent à ce point le sentiment de comprendre – à partir de références innombrables et indubitables, non de schémas préconçus ou de belles intuitions. Le sentiment de comprendre et le goût de poursuivre, pour son compte et dans sa ligne propre, le travail commencé. Une telle étude apporte plus, à mon sens, à l'histoire de la philosophie que mainte vaticination contemporaine, où le texte, considéré comme incompris jusqu'alors, est mis en situation de dégager, de lui-même, et si possible sans nous, je ne sais quelles vapeurs.

Faire une tragédie, c'était entreprendre de représenter. C'était donc s'ingénier à transposer ce qui se passait dans quelques destins exceptionnels, dans un certain laps de temps forcément court. C'était fatalement appeler l'attention sur ce qu'on n'avait pas encore bien isolé : sur ce courant qui porte ce qui se passe et qui fait que cela passe, et qui grossit de toutes les initiatives des dieux, des hommes et du destin. À se placer du point de vue du spectateur – et l'auteur n'est-il pas le premier arrivé entre tous les spectateurs de ses pièces ? – on se mettait à voir ce que jusqu'alors on discernait mal : un avenir se dessinant, et un passé qui en était prégnant. À faire ainsi se dérouler de si hauts destins dans un temps forcément si mesuré, on faisait apparaître en clair ce que la vie vécue ne laisse voir d'ordinaire que malaisément et de façon obscure, conjecturale : des causes et des effets, des déterminismes et des initiatives. On faisait surgir aussi – et ce n'est pas le moins important – ce qu'appelait pour être pensé l'insaisissable passage de l'avant à l'après : cette rupture artificielle dans le cours du temps, cette coupure réflexive qu'on nomme l'instant présent *kairos* : ce presque-rien, pour le dire comme Vladimir Jankélévitch[1], serait donc le siège instable de nos délibérations après coup, le lieu évanescent, évanoui aussitôt que saisi, des possibles et des impossibles, des espérances perdues et des regrets féconds, le lieu des « si j'avais pu » et des « si j'avais su ». Artificiel, le présent ? Oui, dès lors que je le veux tenir, et représenter, alors que son essence est passage et transition. On songe au mot célèbre d'Augustin : « *Quid est ergo tempus ? Si nemo ex me quaerat, scio ; si quaerenti explicare velim, nescio* » (« Qu'est donc le temps ? Si personne ne me le demande, je le sais ; si je veux l'expliquer à celui qui demande, je l'ignore », *Confessions*, XI, 14) – que je restreindrais pour ma part au seul inexplicable par essence, au seul présent. Car pour ce qui est de l'avenir et du passé, les morts arrivent aisément. À l'aube de la civilisation grecque, comme à l'aube de toute civilisation, le temps était sans doute inaperçu en lui-même ; il était atmosphérique, pour le dire comme Le Senne de la valeur. Mais pour peu qu'on se mît à le voir – et la tragédie, nous l'avons dit, le faisait voir –, c'était le présent qui allait faire problème, et cela pour des siècles. Représentez donc un destin prestigieux aux tourments et aux joies exceptionnels : vous devrez le concentrer en un temps réduit. Mais alors vous devrez

1. Cf. Vladimir Jankélévitch, *Le Je-ne-sais-quoi et le Presque-rien*, PUF, 1957, pp. 103-138.

aller jusqu'au bout de la concentration, et le moment surgira, insaisissable, alors que c'est lui qu'il faudrait saisir et fixer. Et si vous êtes grec, il vous apparaîtra dans son rapport avec la permanence, avec l'ordre éternel des choses, entre lesquelles ce destin, pour fameux qu'il soit, devra prendre sa place, rien que sa place, sans déborder jamais dans l'*hybris*, dans la démesure.

Ainsi, le temps ne pouvait se dévoiler qu'une fois perçue sa plus imperceptible dimension : l'impalpable, l'insaisissable moment présent. Peut-être fallait-il à cette découverte l'alchimie propre à ces magiciens que furent les tragédiens grecs : à transposer le temps des hommes dans le temps de la tragédie, à refaire pour leur joie et la nôtre un temps plus dense et lourd qu'aucun vécu, ils avaient ouvert la voie à la pensée du présent, qui poserait infiniment plus de questions dans le cours de la philosophie qu'elle n'en résoudrait jamais.

D'une certaine perspective éternitaire sur la philosophie antique

Évoquer l'Antiquité devant des gens qui n'en sont pas familiers – et, par définition, des élèves ou des étudiants jeunes sont dans ce cas –, évoquer l'Antiquité, c'est d'abord éveiller des clichés, rappeler des anecdotes en rupture de contexte, remettre en mémoire des formules isolées dont certaines sont devenues de vagues slogans (du genre *Gnothi seauton* ou *Vae victis*… ou *Cave canem*). Autrement dit, évoquer l'Antiquité, c'est provoquer des automatismes culturels qui doivent davantage à la manière d'un certain présent qu'au passé auquel on est censé référer.

Prenons quelques exemples. Évoquez Sparte, et vous ferez sortir le petit garçon fameux (spartiate comme père et mère) qui avait pris le parti de se laisser déchirer les entrailles par un renard caché sous sa robe, plutôt que de troubler le sacrifice qu'il servait. Vous aurez peut-être aussi l'inscription des Thermopyles : « Passant, va dire à Sparte que nous sommes morts pour la défense de ses lois… » Et puis, il y aura le brouet spartiate, les mœurs austères, peut-être une certaine sorte de chaussures... Cela n'ira pas beaucoup plus loin.

Évoquez Rome, alors vous aurez l'épisode Régulus, au temps de la première guerre punique : Régulus, qui retourne à Carthage par fidélité à la parole donnée, même à l'ennemi. Ou encore, Titus Manlius, ce consul qui avait fait trucider son propre fils, coupable d'avoir remporté une victoire sans avoir demandé la permission à son papa. Vous aurez l'image de généraux tenant longuement la jambe à leurs soldats juste avant la bataille – une bataille forcément décisive... – et leur délivrant un message grandiose, qui relèverait les courages éventuellement abattus. Il est vrai que vous aurez aussi la grande bouffe en toge : l'image de noceurs couronnés de roses, ne ratant jamais une orgie et passant le plus clair de leur temps à s'empiffrer et à se faire vomir (c'est si agréable !).

Évoquez les premiers chrétiens, et vous ferez surgir des visages extatiques, des catacombes, et puis des lions, beaucoup de lions, énormément de lions.

En ces temps « héroïques », il n'y avait, semble-t-il, que des figures franches, des caractères bien typés : un Néron absolument mauvais, un Titus absolument bon (*diem perdidi...*), un Caligula bien cinglé, monté sur son consul de cheval. Un Diogène (on n'en connaît qu'un...) bien grossier – dame ! un cynique... – qui engueule Alexandre quand il lui fait de l'ombre, et qui ne sort de son tonneau que pour se balader en plein jour avec une lanterne. Vous aurez un Platon bien éthéré, perdu dans les Idées, et contemplant le Cheval-en-soi. Et puis, vous aurez le Sage ! Nous allions oublier le Sage stoïcien – qui d'ailleurs n'existe pas –, mais qui garde quand même son exceptionnelle force d'âme jusque dans le taureau de Phalaris. Qui était au juste ce Phalaris ? Mystère…

Curieuse époque, fameuse époque, que l'Antiquité telle qu'on la parle. C'est le temps des hauts faits et des hauts méfaits. Car il n'y a pas de milieu : ou bien c'est le sublime, ou bien c'est le crapuleux ; c'est la noblesse ou l'ignominie ; c'est le très haut ou le très bas. Mais dans un cas comme dans l'autre, on sort de l'ordinaire, on dépasse le quotidien. Il n'y a pas de quotidien, ou plutôt, le quotidien c'est l'exceptionnel et l'exceptionnel c'est le quotidien. Les héros vivent l'héroïsme à plein temps ; les traîtres donnent toute leur noire mesure ; les débauchés eux-mêmes sont des stakhanovistes de la noce. Et les premiers chrétiens, dans leurs catacombes, s'aiment les uns les autres que c'en est un bonheur, en attendant l'heure du martyre. Etc. Faites une enquête, et vous me direz si j'exagère.

Tout cela procède – car il faut bien que cela vienne de quelque part –, tout cela procède d'un enseignement diffus, dont le contenu se distribue et se perpétue selon divers niveaux de culture, au sens large du terme.

Films, romans historiques, manuels scolaires, recueils de morceaux choisis… En ce qui concerne les films, je ne me souviens pas d'un seul sur l'Antiquité (ou ce qu'on appelle ainsi) qui ne fût inexact. C'est le plus souvent débile, bourré d'anachronismes – mais toujours émouvant. On y pleure volontiers, on y éprouve des sentiments très simples : *La Tunique*, *Les Gladiateurs*, *Rome en flammes*... Les cinéastes américains sont passés maîtres dans ce genre. C'est l'histoire fiction en images. Au niveau des lectures, vous avez l'infinité des sous-produits des *Martyrs* de Chateaubriand : *Fabiola* du cardinal Wiseman, *Quo Vadis ?* de Sienkiewicz (qui de tous est encore le moins faux), *Les Derniers Jours de Pompéi* de Bulwer-Lytton, *Sanguis martyrum* de Louis Bertrand de l'Académie française, *Le Sang des Gaules* de l'ineffable Mabille de Poncheville... mais vous avez aussi la « grande » littérature, où les sentiments coulent à plein bord. Racine avec *Bérénice*, Corneille avec *Horace* (rappelez-vous : « Le sort qui de l'honneur... ») ; avec *Cinna* (le grand Condé avait, dit-on, fondu en larmes) ; avec *Polyeucte*, cet imbécile de Polyeucte qui casse les statues des dieux au lieu d'attendre tranquillement l'édit de Nicomédie de 311, qui eût permis de le faire sans danger (et même de se faire bien voir à l'occasion)... Et puis, bien sûr, l'enseignement officiel de l'histoire, de la littérature, où l'on ne présente pour ainsi dire jamais que des choses respectables, édifiantes, des exemples portant à l'admiration ou, à tout le moins, à la mauvaise conscience – ou alors leur symétrique dans la bassesse ou dans l'horreur, ce qui revient au même du point de vue, cette fois, de la bonne conscience.

Tout cela est moins innocent qu'il n'y paraît. Car enfin, ces clichés entretiennent un climat mental. Ces images d'Épinal, ces chromos dans l'ordre conceptuel, transportent des significations qui s'inscrivent dans un contexte, dans un cadastre selon les règles duquel se rangent, à leur place, les choses du passé.

Et d'abord, cela suppose un temps hors du temps. Quand on évoque, par exemple, « le temps des Romains », sans plus, on évoque sans sourciller une période qui va quand même de 752 av. J.-C. à 476 après (pour ne parler que du seul Occident). Ce qui fait douze siècles : un peu plus que de la bataille de Poitiers à Giscard d'Estaing. Au reste, cela n'a pas d'importance : les siècles réels se sont évanouis au profit d'un *aeuum*, d'un *aion*, où se meuvent *les* Romains, c'est-à-dire, en fait, le concept de Romains. Et dans ce temps hors du temps – dans cet espace hors de l'espace, puisque de ce point de vue, Rome vaut Alexandrie ou Milet, ou n'importe quel patelin –, dans cet espace-temps des bibliothèques et des cinémathèques, que se passe-t-il ? Eh bien ! en rigueur de termes, je crois qu'il ne se *passe* rien : *il y a* des essences éternelles qui s'affrontent. *Le* bien et *le* mal, *le* beau et *le* laid. Il y a des images de destins – de grands destins – qui s'accomplissent selon l'ordre de la représentation. C'est le temps hors du temps où se prononcent les belles paroles (les paroles éternelles, dignes d'être gravées directement dans la pierre) ; c'est en *ce temps-là* que se perpètrent dans leur grandeur funeste les forfaits les plus typés. Ce temps hors du temps exclut toute médiocrité, toute approximation, dans le mal comme dans le bien. On n'y faisait rien à moitié. Curieusement, d'ailleurs, on constate que cette perspective est reprise, parfois, par des gens cultivés, par des savants, même, qui devraient par définition échapper à l'influence des clichés traditionnels.

Or, dans une préface, d'ailleurs intéressante, à des morceaux choisis de l'*Histoire auguste*, parus en 1964, je trouve ceci : « L'*Histoire auguste* donne une impression générale qui est juste : les êtres surgissent, gigantesques par leur génie ou par leurs vices, bouleversant le cours des événements, laissant un souvenir de reconnaissance ou d'horreur »... Alors, on devine que c'est dans cet espace-temps hors de l'espace et du temps que se laisse voir à nu la « nature humaine », la fameuse nature humaine toujours la même, comme chacun sait. Ou mieux : *l'humaine nature*... C'est là, n'est-ce pas, que « l'homme éternel » laisse le mieux apparaître son « éternelle beauté » en même temps que son « éternelle misère ». C'est une érudite célèbre qui note, toujours à propos de l'*Histoire auguste* : « Une effroyable odeur d'humanité monte de cette œuvre. Le lecteur moderne est chez lui dans l'*Histoire auguste.* » En d'autres termes, le décor change – car ce n'est, dans une telle perspective, qu'un décor –, l'humanité, l'homme éternel, reste...

Si nous poussons encore l'analyse de ce temps hors du temps, où resplendissent tous ces concepts, nous découvrons que le monde qui s'y inscrit est quasi totalement coupé de ses bases. Univers mystérieux, bourré de rhéteurs, de poètes, de généraux, de politiciens… et de philosophes. Autrement dit, de parleurs, dont on se prend à se demander de quoi ils vivent. Il y a bien les esclaves, mais à part l'épisode Spartacus, on n'en dit pas grand-chose. Il y a aussi quelques « laboureurs », mais ils semblent là pour faire de la figuration, comme Cincinnatus avec sa charrue, qu'on est venu chercher pour le faire consul. Je ne sache pas que la chose se soit bien souvent revue par la suite. Il se peut, d'ailleurs, qu'à propos des paysans romains, on vous ressorte le vers de Virgile : « *Fortunatos nimium…* », qui est plutôt rassurant. Bref, ce monde intemporel est pensé spontanément comme un monde économiquement neutre. On ne s'est intéressé que tard à l'économie antique. Nous ne disposons malheureusement pas de grand-chose dans cet ordre, mais quand même !

Un exemple : il aura fallu attendre ces dernières années pour trouver, traduit en français, dans une collection accessible aux étudiants, un bon extrait de l'édit de Dioclétien dit « du maximum », portant taxation des articles de consommation courante ou pas, et des principaux services dans la Rome de l'an 302. D'une manière générale, l'histoire économique est une découverte du XIXe siècle : voyez à ce sujet les quelques pages très remarquables que Michel Austin et Pierre Vidal-Naquet ont mises en tête de leur *Économies et sociétés en Grèce ancienne*, de 1972 (Armand Colin). Dans tout cela, d'ailleurs, vous ne trouverez pour ainsi dire pas un nom français.

Or il se trouve que c'est ce monde-là, intemporel, amputé de son quotidien, il se trouve que c'est cette Antiquité-là, délestée de son économie, qui est donnée, traditionnellement, comme le berceau de la philosophie... Je dis de *la* philosophie, parce que dans cette perspective, il ne saurait s'agir, bien sûr, que de philosophie *éternelle*. La pensée est homogène au cadre dans lequel on la situe... Si l'on veut, pour paraphraser la définition platonicienne du temps, je dirais que chacun des systèmes apparaît, dans cette perspective, comme une image mobile de la *philosophia perennis*, de l'éternité de *la* philosophie. On en trouverait un exemple dans le livre de Charles Werner, *La Philosophie grecque*, dans « La petite bibliothèque Payot », au format de poche. En voici quelques extraits intéressants.

Nous considérons, écrit Werner, la philosophie grecque « comme la source et le modèle de toute vraie conception de l'univers »... La pensée moderne « n'a pas toujours su conserver les vérités fondamentales découvertes par la philosophie grecque ». Il faut donc étudier la pensée grecque : c'est « la condition indispensable d'un renouveau de la pensée, dans son effort pour scruter le fond des choses » (notons au passage cette précision importante, à savoir que les choses ont un fond). Le travail entrepris « contribuera, espère l'auteur, à faire mieux comprendre le sens et la valeur impérissable de la (de *la*...) philosophie» (p. 5). Plus loin, nous trouvons ceci : «La philosophie, comme science de l'esprit, reste à jamais pur regard sur les choses, éternelles, et c'est elle, non pas la physique, mais la métaphysique, que les Grecs ont surtout cultivée... La pensée grecque a reconnu que la vraie substance des choses est le principe qui se trouve dans l'homme : l'esprit... En développant cette idée, elle a atteint, dans les systèmes de Platon et d'Aristote, une hauteur qui n'a pas été dépassée, et elle a donné pour toujours le modèle de la connaissance la plus profonde et la plus vraie» (pp. 13-14). Au reste, poursuit Werner, «en surgissant de la nuit orientale, cette philosophie a montré lumineusement la toute-puissance de l'esprit, qui sort de la nature et s'accroît perpétuellement, triomphant de toutes les limites». Et l'ouvrage se termine ainsi : «Il importe donc que nous nous inspirions des grandes leçons qui furent données à l'humanité au temps lumineux de sa jeunesse [...]. Par l'esprit général dont elle fut animée, par ses théories les plus essentielles, cette philosophie demeure comme une partie intégrante de la philosophie éternelle» (p. 250). Au reste, on trouverait dans la trame même de l'exposé «historique» (si je puis dire) des illustrations de ces thèses, ainsi l'apparition du fameux *Noûs* anaxagoréen. Werner voit cela, bien sûr, comme une apparition de l'Esprit organisant le Monde (en somme, c'est une grande première...). Puis on prend connaissance, *à propos de Socrate*, du passage de *Phédon*

(96 a-99 d), où est consignée, on le sait, la déception de Socrate touchant le *Noûs* tel que le voyait Anaxagore…

Il y aurait donc, paradoxalement, une soudaine irruption, au niveau de l'Antiquité, de l'éternité dans le temps. Une éternité qui, paradoxalement encore une fois, se serait mise à exister dans le temps des hommes. Si bien que pour rester cohérent avec le concept d'éternité, qu'on emploie si légèrement, il faudrait considérer cette irruption de la philosophie éternelle dans les temps historiques comme une *apocalupsis*, comme une manifestation, comme une révélation : ce serait, en somme, la révélation d'une Pensée immanente au Monde et à l'Intelligence du Monde, et qui donc les transcenderait, les précéderait (puisqu'elle *apparaît* comme éternelle), avant de les accompagner jusqu'à la fin des temps. Une Pensée avec un grand P, fondamentalement la même – *semper eadem* –, sous des formes contingentes. Du coup, cet espace-temps dont nous parlions tout à l'heure s'enrichit encore d'une nouvelle dimension : il devient « empyrée philosophique », pour le dire comme mon collègue et ami Jacques Brunschwig… Dans cet empyrée, dans cette pensée au-delà de toute pensée, les philosophes deviennent nos contemporains, et à vrai dire les contemporains de tout le monde. Ils peuvent dialoguer, un peu comme les dieux d'Épicure, dans leurs *métacosmia*, dans leurs intermondes… Chacun apporte son point de vue, différent, certes, *mais sur un objet censé unique*, à savoir *le* Monde ; chacun apporte sa contribution à l'édifice de *la* Pensée *du* Monde. Dans cette perspective, les fameuses divergences entre les philosophes passent au second plan. Il suffirait, en effet, de superposer les différentes données convergentes et d'éliminer tout ce qui dépasse, tout ce qui déborde la figure obtenue, pour qu'apparaisse l'accord des meilleures consciences sur « le fond des choses », comme on dit, car les choses, n'est-ce pas, ont un fond. Werner le confirme…

On me dira peut-être que je force le trait. Mais non : je ne force rien du tout. Il n'est quand même pas sans signification que cette façon de voir l'histoire de la philosophie antique soit diffusée dans une collection très répandue. Il n'est pas non plus sans signification qu'une personne, enseignant dans un lycée, ait soutenu une thèse de doctorat ès lettres où les trois époques du stoïcisme étaient simultanéisées et comme fondues en une espèce de bloc, transcendant toute appartenance temporelle, et qu'elle baptisait *le* stoïcisme. Ce qui, accessoirement, lui permettait de rapprocher ce stoïcisme-là de Jean-Jacques Rousseau… Je suis bien placé pour le savoir : je siégeais au jury. Si bien que dans la « pensée » – si j'ose dire – de cette personne, les stoïciens apparaissaient comme les membres interchangeables d'un club intemporel, d'une sorte de Rotary moral, où Chrysippe aussi bien que Panaitios de Rhodes eussent pu écrire les *ta eis eauton* de l'empereur Marc Aurèle et en même temps s'exprimer sous Louis XV.

Si je reviens à ces images d'Épinal, à ces chromos que j'évoquais tout à l'heure, je m'aperçois que la conception de la philosophie dont nous parlons est exactement de même nature. Sous une apparence de rigueur, avec un appareil plus savant, elle leur est homogène, chaque représentation ayant ainsi la philosophie qu'elle mérite. Seulement, il est évident que tout cela, en dépit d'une certaine naïveté – et d'une naïveté certaine –, n'est jamais tout à fait innocent, et que des présupposés circulent à la faveur de ces télescopages chronologiques ; que des problématiques s'imposent à force d'être ainsi reconduites ; que des catégories s'absolutisent et prennent force de loi intellectuelle ; il est certain que de ce cadrage éternitaire, une axiomatique et une axiologie se dégagent et se découpent sur fond de nécessité. Et tout cela est d'autant moins contestable que ces constructions ne sont pas vues comme telles, mais que leur ensemble communie à la prestigieuse éternité des origines.

Alors, bien sûr, il ne vous échappe pas que tout cela est idéologiquement utilisable, voire politiquement exploitable. Ces concepts, ces enchaînements, entrent dans la confection de discours d'une haute généralité – mais dont les applications sont immédiatement pratiques. Je ne dis pas que le processus soit forcément, ni toujours, conscient. Il peut même arriver qu'entre l'instance rectrice et l'instance régie, il y ait quelque chose comme une convention ou une connivence, où les deux parties, paradoxalement, trouvent leur bien. Quelle sécurité, n'est-ce pas, de se soumettre (ou simplement de s'en remettre) à des gens qui ont l'éternité devant eux – et surtout derrière –, et dont la pensée prend si visiblement racine dans l'ordre même du Monde et de la Pensée du Monde ! D'autre part, comme il est émouvant et gratifiant d'exercer quelque autorité, ou quelque influence, dans ces conditions-là, quand on est soi-même contraint de se voir comme représentant l'ordre du Monde et de la Pensée du Monde... Quelle symbiose, en laquelle s'aplanissent, virtuellement, tous les conflits ! C'est alors que tout va vraiment pour le mieux dans le meilleur des mondes. Mais cela, qui pourrait encore le penser aujourd'hui ?

Du temps et de l'éternité

Cela fait bien deux mille cinq cents ans qu'on parle du temps et de l'éternité, et je ne sache pas qu'on soit tellement plus avancé aujourd'hui. Sur le temps, si : il fait partie de notre expérience, et les physiciens, les mathématiciens, les philosophes ont rempli des bibliothèques sur le sujet. Mais sur l'éternité ? Certes, là-dessus aussi, ce ne sont pas les études qui manquent, mais l'ennui, c'est que ni les philosophes, ni les théologiens, ni les mystiques ne s'entendent entre eux. Trop différentes sont les époques, trop disparates les cultures des uns et des autres, et leurs expériences, trop divers les angles de visée d'un auteur à l'autre. Il est, certes, rentable d'inventorier tout cela, en tant que base d'une réflexion personnelle. Mais de réponse définitive, point. Quant à aujourd'hui, le goût d'en débattre nous a un peu passé. C'est Paul Valéry qui écrivait dans ses *Mauvaises pensées et autres*, parues chez Gallimard en 1942 : « L'éternité occupe ceux qui ont du temps à perdre » (« Bibliothèque de la Pléiade », II, p. 841). Certes, question spiritualité, Paul Valéry ne volait pas très haut, mais peut-être ce désintérêt venait-il de ce que depuis le milieu du XIXe siècle jusqu'à – mettons – la moitié du XXe, les discussions sur ce point finissaient par évoquer une bataille de chats, où chacun entend être le dominant. Chacun avait sa petite idée, ou sa grande, qui allait « au fond des choses », bien sûr, ce qui fait qu'il entendait avoir « le dernier mot ». C'est bien comme ça qu'on dit ? Mais voilà, c'est quoi, au juste, le fond des choses ? Et qui vous dit que les choses ont un fond ? Quant au dernier mot, il ne fait guère qu'exprimer, non pas une vérité éternelle, mais des idées générales. Or, comme dit mon éminent collègue Paul Veyne : « Les idées générales ne sont ni vraies, ni fausses, ni justes, ni injustes, mais creuses[1]. » C'est bien pourquoi je ne suis pas philosophe, mais historien de la philosophie, attaché à explorer les couches chronologiques, essayant de comprendre ce qu'on pensait de telle chose à telle époque. Et donc, je ne vais pas me placer ici sur un plan spéculatif. Je préfère de beaucoup m'enquérir des expériences vécues par les uns et les autres, partager leurs perplexités et vous les faire partager. Seulement, faire défiler vingt-cinq siècles nous prendrait la nuit et une partie de la matinée sans nous en dire beaucoup plus. Aussi vais-je m'en tenir à ma spécialité, à savoir la pensée antique.

1. *Le Quotidien et l'Intéressant*, Les Belles Lettres, 1995, p. 217.

« Nous nous figurons avoir en nous une impression claire de ces notions de temps et d'éternité. Nous en parlons constamment et à propos de tout. Mais si nous voulons nous y attarder, les regarder de plus près, nous voilà de nouveau dans l'embarras. » Ça, ce n'est pas moi qui le dis, mais Plotin, un philosophe alexandrin du IIIe siècle de notre ère – mon préféré –, dans *Ennéades* (III, 7-1, 3-9). Cent cinquante ans plus tard, un évêque d'Afrique romaine écrivait : « Qu'est-ce que le temps ? – Si personne ne me le demande, je le sais. Mais si quelqu'un me pose la question et que je veuille lui expliquer, je ne sais plus… » L'évêque, c'était saint Augustin qui notait cela en *Confessions* (XI, 14, 17). Il faut dire qu'il avait lu Plotin, qu'il aimait bien, et dont la pensée n'avait pas été pour rien dans sa conversion. Les voies de la Providence… Vous aurez remarqué que si le temps l'embarrasse toujours, il ne dit rien de l'éternité comme sujet de perplexité. Pourquoi ? Mais parce que l'éternité ne lui fait plus souci du point de vue intellectuel. Maintenant qu'il est chrétien, ce qu'il en sait, c'est de la foi chrétienne qu'il le tient, et pour lui, cela change tout. Il est toujours bon de comparer les textes des philosophes d'une époque à l'autre. Pour lui, le temps est bien un problème, mais l'éternité, c'est un mystère. Cela ne se situe pas sur le même plan. Vous me direz : tout cela n'est pas très encourageant. En effet, mais ce qu'il faut – et là, c'est encore saint Augustin que je vais vous citer –, ce qu'il faut, c'est « chercher comme si nous devions trouver, et trouver pour chercher encore». Alors, essayons.

D'abord, je vais poser une question toute simple : d'où vient que nous nous posions cette question, précisément ? La question de l'éternité ? En effet, ce qui serait instructif, à mon avis, ce serait de savoir au juste ce qu'on a derrière la tête quand on parle de «l'éternité». Disons cela de façon plus «philosophique» : essayons de suivre la visée de la conscience quand elle pense «éternité». Voilà : sur le trajet de quelle intention de la conscience apparaît l'idée d'éternité, sous quelle forme, et pour répondre à quel besoin ?

Là, j'avancerais que tout commence avec la perception que nous avons du temps, et donc de la finitude. Disons cela simplement : l'aventure humaine, collective et individuelle, débute avec la découverte que les choses n'ont qu'un temps, à commencer par la vie de chacun, la vôtre, la mienne. Une vache, dans son pré, entre deux trains, ne se pose pas ce genre de question. L'animal vit un présent indéfiniment reconduit, scandé par les seuls rythmes organiques. Nietzsche l'a dit d'une formule géniale : l'animal «est attaché court au piquet de l'instant». Il dit ça dans ses *Considérations inactuelles*. Pour le bébé, dans son couffin, ça ne va pas plus loin non plus. Du moins pour le moment, car son néocortex – ce miracle au bout d'une interminable évolution – ne va pas le laisser tranquille bien longtemps. Un jour, il «trouvera le temps long» – en classe, par exemple, ou chez le dentiste. Un autre jour, il dira que « ça a passé vite » – pendant les vacances, ou chez des copains. Peu à peu, il va découvrir que tout passe et lui avec. En grandissant – et en vieillissant, donc ! –, il va s'apercevoir que ça meurt autour de lui, et que cela pourrait bien lui arriver un jour. Et à partir de là, sa vie ne sera plus la même. Ainsi, l'homme a l'angoissant privilège de se saisir en transit entre des débuts dont il n'a aucun souvenir, si ce n'est ce que d'autres lui en ont dit, et une fin dont il ne sait ni le jour ni l'heure. Révélation, soulignons-le, qui elle-même s'inscrit dans le temps, et qui de ce fait est irréversible. Les hommes du paléolithique ne sont jamais revenus au temps d'avant le temps, celui que vivaient sans le savoir les préhominiens : fini le bon temps de leur zoo perdu, quand il n'y avait pas de temps ! Et pas davantage le bébé honoraire que nous sommes ne retrouvera l'insouciance de l'*infans*, comme on le formulait en latin, autrement dit de l'être qui ne parle pas. Voilà, c'est fait – et je serais tenté d'ajouter : c'est foutu. L'homme sait une chose de trop. Jean Rostand, le biologiste, disait : « L'homme, la bête penseuse qui sait qu'elle doit mourir. » Belle nouvelle ! Et il n'est pas près de l'oublier. Il va maintenant se sentir emporté par « la folle aventure de durer », selon les mots d'un personnage de Montherlant (*Malatesta*, acte IV, scène 8). Question temps, le seul problème – sauf qu'il est physicien... – va être de l'occuper au mieux, de le mesurer au plus juste, et bien souvent, il s'exclamera : « Je n'ai pas le temps ! »

ou « Quand j'aurai le temps ! ». Sa montre y suffira. Remarquons en passant que sur ce point, les époques se suivent et ne se ressemblent pas. L'Antiquité n'avait pas comme nous aujourd'hui cette hantise, j'allais dire : cette névrose. C'est encore Paul Valéry qui remarquait, et cette fois fort justement : « Le courrier ni le téléphone ne harcelaient Platon. L'heure du train ne pressait pas Virgile. Descartes s'oubliait à songer sur les quais d'Amsterdam. Mais nos mouvements d'aujourd'hui se règlent sur des fractions exactes du temps[1]... » Nous avons tant bien que mal intégré le temps, et souvent, notre seule angoisse est d'être à l'heure. Oui, mais dans les temps morts ? Quand on a « l'esprit libre » ? Pascal a bien vu ça : « Rien n'est si insupportable à l'homme que d'être en plein repos, sans passions, sans affaire, sans divertissement, sans application. Il sent alors son néant, son abandon, son insuffisance, sa dépendance, son impuissance, son vide... »

Car il faut bien reconnaître que le temps vécu n'est pas un long fleuve tranquille. À partir du moment où l'on s'y découvre emporté, une infinité de questions se bousculent dans ce qui est devenu une conscience, c'est-à-dire une présence de soi à soi. Découvrir le temps a entraîné, en effet, une mutation de la présence du monde et de la présence au monde. Jusque-là, on vivait

1. Paul Valéry, *Variété*, « Bibliothèque de la Pléiade », Gallimard, I, p. 1069.

cela droit devant, sans retour sur soi. Puis voilà que s'impose la subjectivité, la présence réflexive à un soi-même qu'on perçoit comme unique. On est bel et bien seul à être soi, et il faut gérer cela pour le mieux, au milieu de la multitude des « semblables ».

Cela est irréversible. Comme dit Merleau-Ponty, « la subjectivité une fois découverte ne se laisse plus oublier ». Des questions se posent et s'imposent, plus ou moins confuses, parfois lancinantes. D'où procède le « je suis » que je suis ? D'où sort cette « ipséité » ? Qu'en est-il de ce moi unique dont les jours sont comptés ? « Trois petits tours et puis s'en vont », répétait Jankélévitch, qui a tant réfléchi sur la mort. Au fait, comme pleure le pauvre roi de Ionesco, dans *Le roi se meurt* : « Pourquoi suis-je né, si ce n'était pas pour toujours ? » Cet être unique au monde que je suis est-il voué à s'éteindre, sans plus, comme ces astres morts dans les espaces infinis ? Plus prosaïquement, y a-t-il, oui ou non, un au-delà du cimetière, et qu'y fera-t-on de beau ? Là-dessus, pas de réponse, du moins à hauteur d'homme. Pas de philosophie allant au fond des choses et en ramenant le dernier mot. Rationnellement parlant, rien que des questions, et en réponse, des mots, des mots, des mots.

Ces questions, jamais on ne les aura si nettement posées que les poètes grecs, ni avec moins d'illusions. Ainsi Pindare : « Nous ne sommes rien ; le ciel d'airain demeure toujours comme une base inébranlable… Nous ne vivons qu'un jour, ignorant vers quel but le destin écrivit que nous devions courir» (Ve *Néméenne*, 1, 8). Le même, dans la IIIe *Pythique* (58-62) : «Ne va pas, ô mon âme, désirer une vie sans fin...» Ou bien Théognis de Mégare : «Mieux vaut pour l'homme n'être pas né, et s'il est né, de rentrer le plus tôt possible dans la nuit» (425-428). Ou encore Euripide : «Ce qui peut être plus désirable que l'existence, la nuit l'entoure, des nuages le voilent. Et c'est pourquoi nous sommes si follement épris de tout ce qui brille sur la terre. Que savons-nous d'une autre vie ? Sur l'au-delà, nulle preuve. Nous sommes le jouet de fables vaines» (*Hippolyte*, 191-197). Et plus loin : «Ah ! fuir vers une autre vie !» (*ibid.*, 1292).

Ces quelques textes, pris parmi bien d'autres, permettent de mieux restituer l'ambiance intellectuelle de ces temps-là. D'une part, depuis les premières lueurs de la conscience, on avait trouvé des réponses au-delà du temps des hommes, dans le temps des dieux immortels, ou d'un dieu éternel, selon les mythes et les religions des différents peuples. La mort, dans cette perspective, faisait partie du destin, lequel relevait de l'au-delà. Ainsi la poétesse Sappho, de Lesbos, née à la fin du VIIe siècle avant Jésus-Christ : «La mort est un mal. Les dieux en ont décidé ainsi, sinon ils seraient mortels» (trad.). Bref, il faut faire avec. Mais d'autre part, et parallèlement aux mythologies, aux séjours célestes pour bienheureux, aux visites guidées des Enfers dont nous régalent tant de textes – toutes choses auxquelles, j'y insiste, il était gratifiant de croire, et équilibrant –, la raison tentait d'y voir aussi clair que possible. Mais il lui fallait bien reconnaître qu'elle n'était pas équipée pour risquer ce saut dans l'inconnu.

Aussi n'y a-t-il pas grand-chose sur l'éternité chez les tout premiers philosophes de la Grèce, ceux qu'on appelle les présocratiques. À vrai dire, plutôt qu'à la mort, c'est à la vie qu'ils s'intéressent, au cosmos, à ses lois supposées. Ce sont surtout des physiciens. Alors, sur la mort, il y a vraiment peu de chose, et moins encore sur l'après-mort. C'est un repos, parfois une overdose de sommeil. Il n'y a guère que chez Pythagore de Samos qu'on découvre quelques échappées sur l'au-delà. Pour lui, en effet, et pour ses disciples, l'âme est immortelle, et elle se promène de corps en corps, et pas forcément de la même espèce. C'est le phénomène de la *métensomatose*, c'est-à-dire du changement de corps (*sôma*) – et non pas, comme on dit trop souvent, de la métempsycose.

C'est avec Socrate que commence une vraie réflexion philosophique sur l'éternité. C'est dans le *Phédon*, le dialogue où Platon relate les derniers moments de Socrate, condamné à mort à la suite d'un procès politique monté par des crétins. Et là, en attendant l'heure de boire la ciguë, Socrate délivre son ultime message. Il reprend la thèse des pythagoriciens, selon laquelle l'âme est immatérielle, et donc se trouve comme ensevelie dans le corps. Les pythagoriciens, qui adoraient les jeux de mots, disaient « *soma sema* », « le corps est un tombeau ». Tant et si bien que la mort l'exhume, lui rend sa liberté. Mais, contrairement aux pythagoriciens, Socrate ne la voit pas s'enterrer dans un nouveau corps. Alors, que devient-elle ? Écoutons Socrate en *Phédon* (63 c) : « J'ai bon espoir qu'après la mort, il y ait quelque chose, et que ce quelque chose, comme l'assure une vieille tradition, est nettement meilleur pour les bons que pour les méchants. » En somme, l'immortalité est philosophiquement garantie, puisqu'elle tient à la nature de l'âme, mais le bonheur éternel pourrait bien être proportionnel à ce que l'âme a fait de beau et de bon durant sa détention ici-bas. Platon a dit dans le *Timée* (37 d), que « le temps est l'image mobile de l'éternité immobile ». Le bonheur éternel pourrait bien être la confirmation, l'éternel épanouissement de ce qui aurait été réalisé de bon sur terre. La récompense serait de vivre en compagnie des dieux, et de jouir de la plénitude du vrai, du bon, du beau, bref, de la perfection. Dans cette perspective, la ciguë apparaît comme un *pharmakon*, un médicament qui débarrasse Socrate de cette brouettée d'os et de tripes qu'il était obligé de trimbaler jusque-là. Socrate parle du bonheur éternel non pas en termes de certitude mathématique – et pourtant il sait faire à l'occasion –, mais toujours en termes d'espérance : j'ai compté le mot douze fois dans le *Phédon*. *Elpis*, une belle espérance. On aura remarqué que Socrate évoque ici les dieux, et les traditions qui en font état. Bref, l'immortalité est rationnellement garantie, et le bonheur éternel est l'objet d'une espérance, fondée sur la croyance aux mythes. Attention : *muthos*, ici, ne signifie pas imagination gratuite, ou simple foutaise, comme de nos jours, mais légende porteuse d'un sens qu'on a tout intérêt à décrypter. Raison et mythe se distinguent, ils ne s'excluent pas.

À partir de là, toute une tradition va se développer, d'abord transmise par les philosophes platoniciens et néo-platoniciens, puis reprise par tous les spiritualismes. Toutes les philosophies qui professeront l'immortalité de l'âme devront quelque chose au *Phédon*, et le christianisme ne se privera pas d'y recourir. Le *Phédon* est un texte essentiel de l'histoire de la pensée, et de ce fait, il était exposé à être lu par des gens d'intelligences très diverses. Deux exemples en passant.

Un jeune disciple de Socrate, absent ce soir tragique, a du moins lu le *Phédon*. C'est le choc : ainsi, la mort est une porte ouverte sur le bonheur éternel ! Formidable ! Mais alors, à quoi bon attendre ? Ravi, il ne fait ni une, ni deux : il grimpe sur un rempart et pique une tête dans le vide. L'histoire de ce pauvre type, qui s'appelait Cléombrotos d'Ambracie, a fait rigoler tout le monde pendant des siècles. Au point qu'on disait, à propos d'ennuis sérieux : « Pour un peu, j'aurais bien fait le saut de Cléombrotos ! » Écrivant un article de revue là-dessus, j'ai trouvé douze allusions au cours des âges, de

Callimaque à Montaigne, en passant par saint Augustin, qui estropie son nom…

Mais voyons une autre lecture. Sept cents ans après l'aventure du pauvre Cléombrotos, au IVe siècle après J.-C., un haut fonctionnaire romain du nom de Saloustios, préfet d'Orient, un des derniers païens très attaché d'autre part à la pensée de Platon, écrit une sorte de catéchèse païenne, *Des dieux et du monde*. Lui aussi a lu le *Phédon*. Et quand il en arrive, dans son bouquin, à la question de l'âme immortelle et de son avenir posthume, il réfléchit à son tour sur le rapport entre la vertu et le bonheur éternel que peuvent espérer les gens qui ont droitement vécu. Il reprend à sa façon ce qu'a dit Socrate. Pour lui, la vie primordiale, c'est la vie des dieux, et la vie humaine voudrait communier avec elle. Alors, si nous orientons ici-bas notre vie vers les dieux, nous goûterons à leur bonheur. Mais l'important, pour Saloustios, ce n'est pas la perspective de ce bonheur éternel, c'est d'accomplir sur la terre la vie la plus droite possible. Et il écrit cette phrase qui vaut d'être citée en entier : « Les âmes qui ont vécu selon la vertu, heureuses entre autres choses de leur séparation d'avec l'âme irrationnelle et purifiées de tout corps, communient avec les dieux et administrent avec eux l'ensemble du monde. Cependant, même si rien de tel ne leur advenait, la vertu elle-même, le plaisir et la gloire venant de la vertu, la vie affranchie de la peine et de la servitude suffiraient à rendre heureux ceux qui ont choisi de vivre selon la vertu et qui l'ont pu. » Voilà : la vertu est en elle-même la récompense de celui qui la pratique, même s'il n'y avait rien à en attendre d'autre. À treize siècles de distance, Saloustios préfigurait le fameux pari de Pascal. Cléombrotos, Saloustios, il y a décidément bien des manières de lire un texte…

Longtemps, la philosophie s'appliquera à démontrer, comme Socrate, l'immortalité de l'âme, et à suggérer que pourrait exister pour elle une éternité de bonheur – ou comme Épicure et Lucrèce, à démontrer le contraire. Les épicuriens romains gravaient sur leur tombe : « NON FVI – FVI – NON SVM – NON CVRO » – qui était traduit du grec. Et dans son *De rerum natura*, Lucrèce avait entassé vingt-neuf preuves contre l'immortalité ! À la même époque, Ier siècle av. J.-C., il y a un vrai-faux dialogue de Platon, l'*Axiochos*. Un jeune homme arrive tout essoufflé chez Socrate : « Viens vite ! Mon père a eu un malaise, il s'en va et il a très peur… » Socrate accourt, et il réconforte le papa : « Allons, allons ! La mort n'est rien, voyons ! Aussi longtemps que nous sommes là, elle n'y est pas, et quand elle est là, c'est nous qui n'y sommes plus ! » Très bien. Mais l'embêtant, c'est que Socrate raconte à ce pauvre type ce que dira Épictète dans quatre-vingts ans… Et là-dessus, pour faire bonne mesure, il administre au mourant une bonne dose de *Phédon* sur l'immortalité. L'immortalité que niera absolument Épicure, précisément… Dopé par ce cocktail philosophique, le bon vieux s'en va en paix vers l'au-delà. On ne perd jamais son temps à regarder ce que deviennent les textes à travers les âges.

Sur l'éternité, la philosophie n'en dira pas beaucoup plus. Elle ne pourra jamais que réfléchir, exorciser quelques peurs, justifier quelques espérances, des espérances qui viennent d'ailleurs. Qui viennent des mythes et des religions, et donc de la croyance. Ce n'est pas si mal. Comme dit Raymond Klibansky, un grand historien de la philosophie : « Il ne faut pas sous-estimer la grande force de ce qui est irrationnel[1]. »

Voilà. Après tout ce que je vous ai raconté, vous n'êtes pas plus avancé, mais si je m'y suis bien pris au moins, vous savez pourquoi. Et ainsi rejoignez-vous Socrate : je sais que je ne sais pas…

---

1. Raymond Klibansky, *Le Philosophe et la Mémoire du siècle*, Les Belles Lettres, 1998, p. 280.

III

SUR LES MYTHES, ROME ET LES CHRÉTIENS

"La vérité est plurielle" P. Veyne

Mystère et vérité

Mystère, mythe, vérité : que de choses sous ces mots, et combien disparates, sinon antagonistes. Les rapprocher expose chaque fois au risque de créer une situation contentieuse, ou à tout le moins de susciter un dialogue de sourds – pardon : de malentendants. Restons dans le linguistiquement correct... Aussi est-il prudent de se prémunir contre la confusion. On en revient toujours à Boileau :

> *Ce qui se conçoit bien s'énonce clairement,*
> *Et les mots pour le dire arrivent aisément.*

Or qu'évoque aujourd'hui le mot *mystère* ? Bien des choses. Trop. On songe à Gaston Leroux, *Le Mystère de la chambre jaune*, où le mot veut dire « énigme ». Rouletabille l'éclaircira en expliquant ce qui s'est vraiment passé, comment et pourquoi. On pense encore à Eugène Sue, *Les Mystères de Paris*, ou à Muñoz Molina, *Los misterios de Madrid*. Là, c'est de secrets qu'il s'agit, ceux de milieux fermés parce que louches, hors desquels rien ne transpire, ou presque. À la police de vérifier ses informations, et de découvrir qui trafique quoi.

Mais il y a aussi les *Élévations sur les mystères* de Bossuet, ou le *Mystère de Jésus* selon Pascal. Là, le mot désigne des vérités divinement révélées qui, comme telles, échappent à la raison et ne sont accessibles qu'à la foi. Déconcertant mélange…

En fait, on constate que le langage courant confond les situations, les ramenant à un dénominateur commun : la perplexité de la raison devant un objet qui lui est dissimulé. Dans les deux premiers cas, il l'est par accident. Si l'enquêteur est astucieux, il découvrira la vérité : c'est *x* qui a tué, qui a tué *y*, tel comportement dissimulait tel trafic. Dans le troisième cas, l'objet est incompréhensible par essence : en posant comme divinement révélés les articles de ses dogmes, la foi situe d'emblée la vérité sur un plan qui transcende le rationnel. Nul, en effet, n'est en mesure de vérifier que Dieu s'est bien manifesté à Moïse sur le Sinaï, ni que Jésus s'est effectivement élevé dans les airs le jour de l'Ascension.

Cela étant, il est bon de s'aviser que, parallèlement, le langage mêle également tout ce qu'on met au cas par cas sous les mots de *vérité*, de *vrai*, qu'il oppose chaque fois à *faux*. Ainsi est-il vrai en géométrie que la somme des angles d'un triangle est égale à deux droits – du moins en géométrie euclidienne. De même en logique, je dis vrai si je raisonne ainsi :

Tout homme est mortel.
Or, Tartemol est homme,
Donc Tartemol est mortel.

En histoire, j'énonce une vérité quand je rappelle que Jules César est mort assassiné aux ides de mars 44 av. J.-C. Et un chrétien estime énoncer une vérité quand il récite : « Jésus-Christ est ressuscité d'entre les morts. »

Si l'on entend par *vérité* la coïncidence de ce qui est et de l'intelligence, encore faut-il préciser que l'affirmation de la vérité se situe chaque fois sur un certain plan – mathématique, logique, historique, foi religieuse… –, et au terme d'une démarche spécifique adaptée à ce plan. Comme l'a si bien dit Paul Veyne : « La vérité est plurielle. »

Pour prendre une analogie télévisuelle, il y a des « chaînes » de vérité, et l'on « zappe » de l'une à l'autre à longueur de journée. Dès lors, on mesure l'imprudence qu'il y aurait à discuter du mystère et de la vérité sans s'être enquis de la visée de la conscience qui s'implique dans cette recherche, et sans la cadrer de façon précise. La première démarche vers la vérité est de préciser de quel ordre est la vérité qu'on cherche.

Cette précaution prise, abordons notre sujet. Nous venons d'évoquer le mystère au sens où l'entendaient Bossuet et Pascal, et c'est à ce propos que le problème de la relation avec la vérité est le plus délicat. Or, ici, il me paraît essentiel de noter que la tradition chrétienne, pour parler des dogmes de sa foi, a repris à son compte le mot *musterion*, qui avait cours en contexte polythéiste.

Ce terme désignait certains rites ésotériques pratiqués dans le monde gréco-romain. Orphée, Sabazios, Hécate, Dionysos, Lagreus, Mithra, Déméter, etc. : autant de divinités qui, le temps d'un *musterion*, réactualisaient tel épisode de leur éternité en faveur des mortels.

Exemple, les fameux mystères d'Éleusis. On y commémorait le rapt de Perséphone, la fille de Déméter, la déesse de la terre et des moissons, par Hadès, le dieu des Enfers. Il l'y avait entraînée pour l'épouser. Au grand désespoir de Déméter : sous le choc, elle décida de faire la grève de ses fonctions de fertilité agraire, et de parcourir la terre aussi longtemps que sa fille ne lui serait pas rendue. Du coup, la terre devint stérile, la famine s'installa, contraignant Zeus, le maître de l'Olympe, à intervenir. Un compromis fut passé, à Éleusis précisément, non loin d'Athènes : Déméter reprendrait ses fonctions et Perséphone partagerait son année entre sa mère et son mari. Ainsi, à chaque printemps, elle remonterait au ciel, et l'on verrait refleurir la terre, puis l'engourdissement progressif de l'automne et de l'hiver montrerait qu'elle avait regagné le royaume des morts.

Que se passait-il au juste dans ces mystères ? Pour certains cultes, nous le savons à peu près. Ainsi pour Mithra : de nombreuses représentations du taurobole nous disent que l'initié renaissait dans le sang du taureau. Pour d'autres, en revanche, les mystères d'Éleusis notamment, le secret a été bien gardé. Ce qu'on sait, c'est qu'une fois achevée la cérémonie, l'initié était devenu en quelque sorte, et pour autant que le lui permettait sa nature de mortel, un sociétaire de l'au-delà. Il avait maintenant le statut de protégé, de client, du dieu qu'on disait *Sôtêr*, Sauveur il était sauvé.

Ces liturgies secrètes procuraient au fidèle un point d'ancrage dans le divin ; elles lui assuraient une couverture ici-bas, mais surtout, elles lui promettaient une vie heureuse par-delà la mort. On comprend donc que les chrétiens, sauvés par le sang d'un dieu dont on célébrait à chaque printemps la mort et la résurrection, aient adopté par analogie, et tout naturellement, le terme de *musterion*. Une fois accompli le rite baptismal, ils étaient nés à une vie nouvelle et promis à la vie éternelle.

Ainsi, chacun de ces mystères faisait revivre un *muthos*, un mythe, que la tradition avait reconduit de siècle en siècle depuis la nuit des temps, et qui avait trait au rapport des dieux et des hommes, dont on attendait beaucoup. Un mythe : encore un terme aujourd'hui dévalué, synonyme de croyances périmées, d'idéaux éteints, parfois même de rêves puérils, cristallisés sur un chanteur, un champion, une miss Ceci ou Cela.

Mais dans le monde antique, un *muthos*, c'était un récit sacré relatif aux origines du monde et des hommes, à la vie des dieux et des déesses, à leurs aventures : nous venons de le voir à propos des mystères d'Éleusis. Tout cela avait donné aux hommes des temps archaïques une première image du monde qui atténuait leurs angoisses en donnant un sens à ce qu'ils vivaient. Une espérance aussi, puisqu'ils se voyaient inclus dans un vaste ensemble sur quoi régnaient les puissances célestes. Le mythe aura été la première forme de l'être-au-monde : on savait d'où l'on venait, on était fondé à attendre, moyennant prières, offrandes, sacrifices, quelque protection ici-bas, et surtout à espérer que l'après-mort serait heureux.

Certes, on était loin de tout comprendre, mais on se disait que tout cela tenait debout, que les choses avaient un sens, peut-être même positif. Depuis « l'Adam des cavernes », comme dit Teilhard de Chardin, c'est l'espérance qui fait vivre. Espérance de l'immortalité pour justifier le scandale de la mort. Espérance de l'éternité pour justifier le temps. Espérance de l'infini pour justifier le fini. C'est ce que Socrate, condamné par une assemblée d'imbéciles et buvant ce soir-là la ciguë, appela *enelpis*, une belle espérance. Chaque âge la reconduit.

Mais, à mesure que passaient les siècles, les mentalités évoluaient. Une autre fonction s'était mise en place : la fonction rationnelle. Ses progrès avaient provoqué une mutation dans la manière dont les hommes voyaient le monde et se voyaient eux-mêmes. Dans la manière, aussi, dont ils s'adaptaient à un réel de mieux en mieux inventorié. En observant la course des astres, en méditant comme Archimède sur des figures tracées sur le sable, en regardant comme Thalès l'ombre portée des pyramides, en associant comme Pythagore les nombres et les figures, voilà qu'on découvrait les règles de fonctionnement du monde.

La *philosophia* était née, et c'était bien un cadeau des dieux que de s'apercevoir qu'on n'avait pas besoin de remonter jusqu'à eux pour rendre compte de ce qu'ils avaient mis à notre portée. Quant aux dieux, précisément, on s'en faisait maintenant une image moins rustique. Là-dessus, je ne dirai pas mieux que Xénophane de Colophon, au VIe siècle avant notre ère : « Les Éthiopiens voient les dieux noirs, avec un nez épaté ; les Thraces les voient avec des yeux pers et des cheveux flamboyants. » Et il conclut que si les bœufs, les chevaux, les lions avaient des dieux, on voit tout de suite de quoi ils auraient l'air. Cela dit – et j'y insiste –, Xénophane n'en croyait pas moins à l'origine divine du monde et de l'idée qu'on s'en ferait un jour : « Ce n'est pas dès le commencement que les dieux ont tout dévoilé aux mortels, mais en cherchant, et avec le temps, les mortels ont découvert le meilleur. »

Il est essentiel, ici, de constater que l'avènement de la philosophie dans la mentalité antique n'avait en rien mis fin à la croyance aux mythes. Chaque génération héritait de ces légendes qui hantaient l'imaginaire de chacun, et tout cela demeurait à l'horizon de la vie quotidienne. Simplement, on ne prenait plus au pied de la lettre toutes ces histoires farfelues, voire salées, que racontaient Homère, Hésiode, Virgile, Ovide, Apulée, etc.

Ces légendes sacrées, on les percevait maintenant comme porteuses d'un sens, d'une signification occulte, que les mortels avaient tout intérêt à décrypter. On se donnait des clefs de lecture. C'est ainsi que dès le VIe siècle av. J.-C., Théagène de Rhégium avait mis au point l'exégèse allégorique, où les mythes étaient autant de symboles. Six cents ans plus tard, Philon d'Alexandrie, un savant juif, l'appliquera à la Bible, imité en cela par les chrétiens, Clément d'Alexandrie, Origène, Eusèbe de Césarée, Ambroise et bien d'autres. L'apôtre Paul n'avait-il pas dit « La lettre tue ; c'est l'esprit qui donne la vie » ?

Ainsi, les gens d'Égypte, de Mésopotamie, de Grèce, de Rome et d'ailleurs savaient construire des ponts, des aqueducs, des tours et des pyramides ; ils prévoyaient les éclipses, ils écrivaient des poèmes et des livres de philosophie qu'on lit encore aujourd'hui – ils n'étaient donc en rien plus attardés que nous –, et ces gens-là n'avaient pas pour autant relégué au musée des croyances périmées dieux, déesses, nymphes, satyres, sources miraculeuses, apparitions et songes prémonitoires. Oh ! bien sûr, ils en prenaient et ils en laissaient, comme le montrent tant de textes, et ils ne se gênaient pas pour moquer les gens superstitieux. De l'objet de leurs croyances, ils ne parlaient pas en termes de vérité et d'erreur ; aucune hiérarchie religieuse n'en contrôlait l'orthodoxie, pour la bonne raison qu'il n'y en avait pas.

Reste qu'à tout cela ils demeuraient fidèles sans crispations, et cela se conçoit. Si les sciences et la philosophie éclairaient la nature d'un monde trop longtemps resté opaque, si elles permettaient de s'y affirmer et d'y mieux vivre, il fallait bien reconnaître qu'aucun savoir n'expliquait tout. À commencer par le fait qu'il y avait un monde. La croyance répondait au besoin qui subsistait d'une présence tutélaire, quasi parentale, avec l'insondable origine de tout, avec la source éternelle d'un monde emporté par le temps. Avec, finalement, la source de toute espérance.

Il fallait bien des mathématiques pour construire un temple et des prières pour l'inauguration. Dans *Les dieux ne sont jamais loin*[1], j'ai observé du plus près que j'ai pu, et sur des siècles, cette coexistence harmonieuse du rationnel et du mythique, de la foi et de la science, dans ces mondes disparus, mais dont les vestiges de pierres et d'idées nous intriguent encore. Le besoin de savoir pour comprendre et pour faire, le besoin de croire

1. Lucien Jerphagnon, *Les dieux ne sont jamais loin*, Paris, Desclée de Brouwer, 2002.

pour espérer : ces deux aspirations de l'âme humaine s'alliaient sans problèmes.

Elles organisaient le vécu sans se confondre ni empiéter l'une sur l'autre, et chacun vivait cette coexistence selon son époque, son milieu, sa culture. Cent ans avant Jésus-Christ, Marcus Varron distinguait même trois niveaux de théologie, selon qu'on visait celle des poètes, la légendaire, ou celle touchant le culte public, la civile, ou celle des philosophes, qui traitaient de la nature des dieux. Bref, trois visées de la même conscience : déjà une phénoménologie de la religion. Ainsi comprend-on mieux que des hommes de pouvoir d'un niveau aussi élevé de culture qu'un Marc Aurèle ou qu'un Julien aient pu tenir à être initiés l'un et l'autre aux mystères d'Éleusis.

Cet exercice conjoint, équilibré, de la science et de la croyance ira longtemps de soi. Aussi longtemps, en fait, qu'à l'intérieur des religions monothéistes, certains ne s'aviseront pas de prétendre à l'hégémonie, la fondant précisément sur la catégorie de vérité, entendue de façon univoque alors qu'elle est plurielle. Ces gens raisonnaient ainsi : dès lors qu'il n'y a qu'un dieu – sous-entendu le leur –, il est le seul vrai. Il faut donc lui soumettre l'humanité entière, qui passera ainsi de l'erreur à la vérité. On me dira que cela partait d'un bon sentiment. Mais quand un bon sentiment coïncide avec la volonté de puissance, ce n'est jamais bien rassurant.

Tout va donc changer, *grosso modo*, à dater du IVe siècle, quand certains parmi les gens d'Église confisqueront la raison au bénéfice de la seule religion. Non seulement ils plaqueront du rationnel sur du mythico-religieux, transformant ainsi le mystère en problème insoluble et soulevant des controverses à n'en plus finir, mais certains iront plus loin. Ils prétendront subordonner le rationnel au mythico-religieux, puisqu'ils étaient censés détenir la vérité.

« Détenir » : le mot, souvent employé par les dogmatiques, parle de lui-même. Côté chrétien, cela donnera un Justinien, qui ferma l'École d'Athènes en 529, contraignant les derniers philosophes à l'exil. Il privait de ce fait l'Occident chrétien de textes essentiels, qu'on ne retrouvera qu'aux XIIe-XIIIe siècles, et grâce aux Arabes d'Espagne, qui eux-mêmes les tenaient des Perses, auprès desquels les philosophes grecs s'étaient réfugiés.

Et puis l'on aura l'Inquisition, le pape Zacharie qui excommuniait ceux qui croyaient à l'existence des antipodes, et l'affaire Galilée et la Genève de Calvin, etc. Côté musulman, on aura le calife Omar qui fit mettre le feu à la bibliothèque d'Alexandrie en application d'un raisonnement logiquement impeccable. De deux choses l'une : ou bien ces bouquins sont contraires au Coran et il faut les détruire ; ou bien ils sont d'accord avec le Coran, et alors ils font double emploi et il faut s'en débarrasser. Vérité, que de crimes – et de sottises – on commet en ton nom !

Ces comportements élémentaires devaient fatalement provoquer une réaction. Une résistance s'est peu à peu mise en place au cours des siècles. Elle devient visible avec Rabelais et Montaigne, à la Renaissance.

Le mouvement se systématisera avec Descartes et les grands cartésiens, mais aussi avec Pascal, toutes gens qui avaient rompu avec la dictature des théologiens et qui cependant conciliaient, à la façon des Anciens, le savoir et la foi.

Au XVIIIe siècle, la résistance au fanatisme religieux va virer à l'idéologie « anti-mythe », si j'ose dire, avec les Encyclopédistes, avec Voltaire, Rousseau, etc., avant de se radicaliser avec la Révolution et la guerre civile en fanatisme antireligieux. Ironie de l'histoire par la grâce de Robespierre et consorts, la raison – la déesse Raison – était devenue un mythe, avec un culte célèbre en la ci-devant église Notre-Dame.

Enfin, tout au long du XIXe siècle et au début du XXe, l'idéologie rationaliste va dégénérer en sectarisme, avec ce que Merleau-Ponty a appelé « le petit rationalisme », en opposition au grand, celui de Descartes et des cartésiens. Ces gens, immortalisés par M. Homais, regarderont mythes et religions comme autant de monstres engendrés dans des temps obscurs par le sommeil d'une raison enfin éveillée.

Il fallait délivrer les esprits de cette servitude, désintoxiquer le peuple de cet opium dont il était depuis tant de siècles dépendant. En somme, l'Inquisition n'était pas morte. Simplement, les inquisiteurs avaient troqué le froc pour la redingote et le faux col dur.

Par-delà les vérités que nous livrent du monde tant de sciences, vérités dont aucune forme de croyance ne devrait nous détourner désormais, le mystère n'en demeure pas moins de l'existence du monde comme fait. On en revient toujours à la question de Leibniz : comment se fait-il qu'il y ait quelque chose plutôt que rien ?

Il y a bien dans l'humaine nature une double aspiration : l'appétit de savoir et le besoin d'espérer ; la passion du vrai et la fascination du mystère. Ce que nous savons du monde antique montre à l'évidence qu'elles sont compatibles, et qu'elles ne se contrarient d'aucune manière. Je serais même tenté de dire qu'elles pourraient, dans le meilleur des cas, se conforter mutuellement. En ce sens que le rationnel empêcherait le mythico-religieux d'extravaguer, et le mythico-religieux retiendrait l'*Homo sapiens* sur la pente de la chosification, de l'homme devenant une chose parmi les choses, juste un peu plus complexe.

Mais quel Homme trouverait là son équilibre ? Jorge Guillén le disait : « L'homme se lasse d'être chose. » « *El hombre se cansa de ser cosa.* » Et pourtant, n'est-ce pas ce qui peu à peu nous arriva ? Mélancolie de l'évolution sémantique ! Mystère, mythes, mots qui si longtemps ont symbolisé la tangence du temps et de l'éternité, de l'humain et du divin, et éveillé tant d'espérances dans un au-delà de cette vie, et qui pour beaucoup aujourd'hui sont tout juste synonymes d'intrigues de série noire ou de berlues... Les mots vieillissent avec les civilisations.

Ayant si longtemps partagé la vie quotidienne des gens de l'Antiquité et du Moyen Âge, j'aurais aimé restituer aujourd'hui quelque chose de l'harmonie d'hier. Réconcilier autant que possible le mystère de la vérité et la vérité du mystère. Comme dans tous les divorces, la rupture entre le savoir et le croire a fait des dégâts, et il me paraît difficilement évitable que l'homme moderne ne se sente frustré d'une dimension essentielle, aussi essentielle que l'autre, de son équilibre, pour ne point prononcer le mot trop vague de « bonheur ». L'humanisme bien compris devrait, du moins à mon sens, restaurer cette harmonie, ou du moins ne pas renoncer à le tenter. En espérant cela depuis toujours, peut-être ai-je, moi aussi, versé dans l'illusoire – et va-t-il se trouver quelqu'un pour dire : « Mais c'est un mythe ! »

Le mythe démocratique dans l'Empire romain

Qui regarde d'un peu près l'histoire de l'Empire romain est intrigué par la permanence de l'idée démocratique dans le discours historique et politique au temps des Césars. Pour un moderne, les Romains de cette période, qui va d'Octave Auguste, trente ans avant notre ère, à Romulus Augustule, cinq siècles après, vivent évidemment en monarchie. Pourtant, à quelques exceptions près, concentrées au Ier siècle, les Romains eux-mêmes – les références le montrent – s'estiment vivre sous un régime démocratique. Hypocrisie du discoureur ? projection nostalgique des temps révolus, qu'embellit le classique renvoi dans la nuit des temps ? phantasme en quoi l'on se complaît pour supporter le présent ? ou bien imaginaire plus réel que toute réalité, autrement dit mythe régulateur des contenus de conscience – individuelle et collective –, et organisateur de la pratique politique au jour le jour ? On voudrait le savoir. Il faut d'abord revenir sur quelques points d'histoire.

Une fois chassé le dernier Tarquin – efficace mais odieux – en 510 avant notre ère, la république que Rome se donna répond à la définition de la démocratie, entendue au sens strict de gouvernement du peuple par le peuple. Même si, en l'occurrence, le peuple gouvernant (l'ensemble des *gentes*) ne recouvrait pas exactement le peuple gouverné, qui comprenait en outre la masse des non-citoyens. Quoi qu'il en soit de l'évolution ultérieure du régime républicain, provoquée par l'accroissement considérable en volume et en surface des populations gouvernées, et qui en arrive à concentrer le pouvoir entre les mains d'une, puis de deux castes aristocratiques, sénateurs d'abord, puis sénateurs et chevaliers, les mandats électifs, les magistratures, le tribunat procèdent censément du peuple. Jusqu'à la disparition de Rome, pas une loi, pas une circulaire qui ne soit frappée du sigle qui en rappelle l'origine : « *SENATVS POPVLVSQVE ROMANVS, S.P.Q.R.* » Mention est faite des consulats sous lesquels apparaît l'acte ou l'inscription. Nonobstant l'instauration progressive d'un système censitaire qui réserve, en fait, l'exercice du pouvoir aux plus fortunés, on reste en droit fidèle au principe. Contre toute affirmation contraire, il faut maintenir que la république romaine est une démocratie.

Cela dit, et les choses étant comme Platon les avait décrites (Platon, *République*, VIII, 557 a et s.), la démocratie romaine sombra fatalement dans l'anarchie : cent ans de guerres civiles et de règlements de comptes dans le style des *mafiosi*, avec les dégâts qu'on imagine sur tous les plans. Une reprise en main était nécessaire – mais un retour à la monarchie était exclu parce que impensable. Depuis le dernier Tarquin, précisément, le réflexe antimonarchique ne cesse de jouer à plein dans la psychologie du Romain. « Toutes les fois qu'on évoque le roi, note Cicéron, c'est aussitôt à un mauvais que l'on pense (Cicéron, *De republica*, III, 30-35). » C'est pourquoi, selon Tite Live, « le nom de roi, ailleurs imposant, est à Rome insupportable ». Quatre cents ans plus tard, dans le discours de Synésios de Cyrène à la cour d'Arcadios, nous retrouvons l'écho de cette hantise : « Quelle preuve éclatante de la sagesse des Romains dans leurs institutions politiques ! Pour manifestement que soit établie chez eux la monarchie, ils tiennent en aversion la tyrannie et ses maux, et ils se font scrupule de recourir à l'appellation de roi. » C'est dire l'imprudence de César, qu'il avait payée aux ides de mars 44.

Aussi Octave, à qui la confuse victoire d'Actium conférait définitivement un pouvoir conquis de longue lutte sur le parti républicain, se garda-t-il de renouveler l'expérience de l'Oncle. Préférant la réalité du pouvoir à ses apparences, il eut ce trait de génie de remettre solennellement entre les mains du Sénat le gouvernement de la *res publica* (le mot est assez vague pour tout contenir), dont son *auctoritas* personnelle – et ses manigances – lui avait permis d'accumuler les titres. Le monument d'Ancyre porte gravé dans la pierre le témoignage de ce geste politiquement élégant : « Dès les sixième et septième consulats, une fois que j'eus éteint les guerres civiles, devenu par le consentement de tous maître des affaires, j'ai transféré la république de mon pouvoir à l'arbitrage du Sénat et du peuple romain [...]. À dater de ce moment, je l'ai emporté sur tous par mon autorité, mais je n'ai pas eu un pouvoir plus grand que celui de ceux que j'eus pour collègues dans ma magistrature... » Ainsi le Neveu se donnait-il les gants de récuser jusqu'à l'apparence d'une prédominance de droit. Ce faisant, il se mettait à l'abri d'éventuels Brutus et Cassius, mais encore il gagnait dans l'opération un brevet d'orthodoxie démocratique qui allait lui être précieux pour gouverner tout seul. Car le Sénat, soulagé et ravi de tant de loyalisme, se fit un devoir et un plaisir de restituer à Octave les magistratures dont il venait de recevoir l'encombrant hommage. Nul ne doutait que tous ces titres – et les pouvoirs illimités qu'ils conféraient en fait – fussent dans les meilleures mains. En tout cas dans les plus fortes.

Octave se trouvait donc – et ses successeurs après lui – tout à la fois consul (toujours avec un autre, qui ne faisait pas forcément le poids), proconsul, tribun du peuple, chef des armées, censeur, grand pontife, etc. Autant de charges qui n'étaient jamais conférées, on le sait, qu'à titre provisoire, selon les constitutions républicaines. Mais rien ne s'opposant à ce qu'on reconduisît indéfiniment les mandats arrivés à expiration, ce provisoire-là était de ceux qui durent. Le *princeps* (qu'il ne faut pas dire « prince », mais « premier », avec le sens de « président ») concentrait en sa seule personne indéfiniment réélue les magistratures constitutionnellement réparties sur plusieurs têtes. À cela près, rien ne bouge des structures républicaines. Les élections subsistent, dont on a seulement écarté les risques inutiles – nous connaissons cela aujourd'hui encore –, et quand elles tomberont en désuétude, ce sera parce que plus grand monde ne s'y intéressera vraiment.

Plus tard, sous les Flaviens, lorsque se posera la délicate question du pouvoir héréditaire, puis sous les Sévères, les choses iront se monarchisant. Mais ce sera toujours *de facto*, jamais *de jure*. Même lorsqu'il arrivera, surtout à partir du IIIe siècle, que les armées imposent leur candidat, il sera rarissime que l'élu néglige de se faire reconnaître et investir par un Sénat devenu simple chambre d'enregistrement, mais existant toujours. S.P.Q.R. Les apparences sont sauves, les structures mentales aussi – et finalement la légalité constitutionnelle, moyennant une certaine complaisance idéologique. Tel est le système, tel est le régime politique, d'ailleurs évolutif, de cette période qu'improprement nous appelons « Empire », en pensant à Napoléon, à François-Joseph ou à la reine Victoria.

Le plus remarquable, à mon sens, est bien la persistance d'une sensibilité démocratique chez les Césars. Je ne songe pas seulement à l'attention qu'ils ont portée aux populations gouvernées, notamment aux plus pauvres : elle dépasse infiniment en humanisme et en efficacité l'attitude des magistrats de la république ancienne manière. Je pense surtout à ce qu'on pourrait appeler la sensibilité politique des Césars. Tibère refuse pour commencer une omnipotence qu'il hérite du divin Auguste et s'indigne de voir les sénateurs se ruer à la servitude. Velleius Paterculus a pu dire de lui qu'il avait décliné le pouvoir pendant plus de temps que d'autres n'auraient mis à le conquérir par les armes. Caligula – trait inattendu pour qui se satisfait des légendes –, pour embrumé qu'il fût dans son rêve de monarchie lagide, gardait présente à l'esprit au moins l'idée d'égalité, ce qui fait porter à Philon, qui pourtant ne lui doit pas ses meilleurs souvenirs, un jugement intéressant sur les premières années du règne. « Alors, écrit-il, les riches ne passaient pas avant les pauvres ni les célébrités avant les gens obscurs, ni les créanciers avant les débiteurs ; les maîtres ne l'emportaient pas sur les esclaves, la circonstance donnant l'égalité (*isonomian*). » Cela est d'ailleurs confirmé par une notation brève mais superlative de Dion Cassius : Caligula aurait été « le plus démocratique (*demokratikotatos*) des princes ». Néron – étouffé lui aussi par la part romantique de sa légende – fut longtemps respectueux des formes légales (Suétone, *Vie de Néron*, 10 et 15). Sous son règne se manifesta bien une opposition : Paetus Thraseas,

Helvidius Priscus fêtaient couronnés de fleurs, chante Juvénal, « l'anniversaire de Brutus et de Cassius ». Mais c'était moins la monarchie comme telle qu'ils combattaient – pour ces stoïciens, elle s'intégrait sans problème au système – qu'un certain tour personnel, voire tyrannique, qu'avait peu à peu pris le règne, sous la menace permanente des conjurations de toute sorte, d'inspiration moins démocratique qu'on pourrait croire. Et puis, les opposants – ces martyrs si l'on y tient – défendaient, en même temps que l'idéologie républicaine, les privilèges, considérablement réduits par le régime impérial, de leur caste, jadis omnipotente et n'ayant de comptes à rendre à personne. Sous les Antonins enfin, Marc Aurèle, certain d'autre part d'être à sa place – « Je suis fait pour être à leur tête comme le bélier et le taureau chacun de son troupeau » – n'en souligne pas moins le profit politique qu'il a retiré de ses entretiens avec Claudius Severus, un aristotélicien : « Avoir conçu l'idée d'un État démocratique (*politeias isonomou*), gouverné selon le principe de l'égalité et de l'égale liberté de parole, d'une *basileia* mettant au-dessus de tout la liberté de ses sujets. » C'était d'ailleurs le même Severus qui lui avait fait connaître les Thraseas, les Helvidius, les Caton. Aussi se gardera-t-il de « jouer au César », tout en se sachant un Romain et un César.

En tout cela, je serais tenté de voir comme un hommage, fût-il parfois seulement de pure forme, voire littéraire, à l'idée démocratique selon laquelle *le pouvoir procède du peuple*, ledit peuple fût-il réduit à sa plus simple expression par le jeu de l'or, des possessions ou de la force des armes. Cette idée-là aurait selon moi son antithèse dans une autre, que nous voyons affirmée elle aussi dans les textes, et selon laquelle *le pouvoir ne se partage pas*. C'est, raconte Tacite, ce que chacun disait à part soi lors de cette nuit angoissante, tandis qu'on procédait sous une pluie battante aux funérailles hâtives de Britannicus. Toutes les familles régnantes le savaient : « *insociabile regnum aestimantes*[1]... ». Au reste, Philon l'avait déjà dit, mais en grec, pour excuser Caligula d'avoir expédié son beau-père dans un monde meilleur : « *koinoneton archè* », précisant au passage que dans l'esprit des gens, c'était une loi immuable de la nature. Philon n'approuve pas : il constate...

Au IVe siècle, Constance II, s'il faut en croire Ammien Marcellin, en dira tout autant : « *Em publicam nec posse dividi nec debere.* » Il y a là une constante. En somme, d'une part le pouvoir politique, en droit, appartient à tous ; d'autre part, le pouvoir politique ne saurait être le fait que d'un seul. Deux propositions contradictoires qui hantent, pour peu qu'on y prête attention, la littérature de l'époque que nous disons « impériale ». Si la seconde formule a été opératoire du Ier au Ve siècle, et de façon de plus en plus étroite, la première n'a pourtant

1. Tacite, *Annales*, 13.17.

jamais cessé, sauf à la fin de l'Empire chrétien, de s'imposer comme l'espace mental dans lequel se mouvait la *basileia*. Il me semble significatif que l'idéologie impériale – avant tout ce qu'elle doit à l'idéologie hellénistique du Bon Roi selon les vieux traités néopythagoriciens *Peri basileias*, d'Ecphante, Diotogène et Sthénidas[1] –, il semble, dis-je, que la monarchie qu'exerçaient *de facto* les Césars n'ait pour ainsi dire jamais eu d'autre mouvance théorique que la démocratie telle qu'on l'avait conçue et mise au point lors de la chute du dernier roi, aux temps héroïques où le peuple romain, libéré de Tarquin le Superbe, entreprit de se gouverner lui-même en la personne des *Patres conscripti*, des consuls, puis des tribuns du peuple. On pourrait reconnaître là un hommage à un idéal politique éprouvé comme irréalisable dans sa perfection, mais pourtant non récusable, et auquel il ne fallait jamais explicitement renoncer. L'idée démocratique, sous l'Empire, diffuse tour à tour la bonne et la mauvaise conscience. Si elle

1. Voir Louis Delatte, *Les Traités de la royauté d'Ecphante, Diotogène et Sthénidas*, Liège-Paris, Droz, 1942.

J'ai suivi l'influence continue de ces traités sur la sacralisation de la *basileia* d'Auguste à Constantin : voir Lucien Jerphagnon, *Vivre et philosopher sous les Césars*, Toulouse, Privat, 1983, pp. 34 et s., 56-57, 66, 93, 108-112, 188. Je la poursuis sous l'Empire post-constantinien, dans les discours de Themistios, de Synesios de Cyrène, dans les panégyriques, etc. Voir *Vivre et philosopher sous l'Empire chrétien*, Toulouse, Privat, 1983.

n'évite pas les excès, elle les fait apparaître comme excès ; si elle n'imprègne pas les conduites, elle sauve les apparences dans un monde où les apparences comptaient infiniment plus que dans le nôtre.

Si bien que l'idée démocratique apparaît finalement moins comme une nostalgie des temps bienheureux – car on était, je l'ai dit, plus heureux au temps des Césars que sous la république du vieux Caton, et même de Caton d'Utique… – ou encore comme un alibi pour politiciens retors, que comme un mythe structurant d'un bout à l'autre la vie politique romaine et lui assignant, quelque mille ans durant, son espace mental.

"Intéressons-nous à l'histoire bien sûr
Mais surtout intéressons-nous à la
façon de l'écrire" p. 157 → p 159
un historien c'est tout simplement un
espion d'une actualité révolue

Quelle Rome ?

Faisons un rêve. Nous sommes en 4005, quelque part dans le monde. Un grand film vient de sortir, dont on parle beaucoup : Palme d'or, gros succès. Le titre est *Où tu vas ?*. Le producteur a trouvé que la langue morte faisait plus historique. En effet, le film évoque une civilisation disparue depuis des siècles, les Français. On se rappelle vaguement ce qu'on en apprenait à l'école : ça allait de Vercingétorix à de Gaulle. Mais là, c'est magnifiquement rendu. On voit Napoléon, vainqueur de Hitler à Roncevaux, qui défile sous la tour Eiffel à la tête de ses troupes, avec leurs lances, leurs boucliers et leurs masques à gaz. Une histoire d'amour à Versailles, de Gaulle et Catherine de Médicis, main dans la main, écoutent un troubadour chanter *La Madelon* en s'accompagnant à la guitare électrique. Et puis, ce passage sur la Révolution, où l'on voit Jeanne d'Arc monter à l'échafaud en s'écriant : « Liberté, que de crimes on commet en ton nom ! » Beau. Et la musique d'époque : « Allons, enfants ! », avec au refrain : « C'est la lutte finale ! » Générique. Fin.

Éveillons-nous de ce cauchemar. C'est pourtant ce qu'éprouve bien souvent un spécialiste du monde antique quand il regarde un péplum. Des exemples ? Dans *Quo vadis ?*, on voit une jeune chrétienne prier devant une croix fixée au mur. Elle devait drôlement aimer l'art moderne, la fille, car elle est en avance de quatre cents ans. Dans *Néron et Poppée*, Néron parcourt une galerie où j'ai repéré des bustes d'empereurs antonins, qui régneront cent vingt-cinq ans après lui. Dans *La Tunique*, on voit Caligula assassiné en plein amphithéâtre, et Claude acclamé sur place : « Vive Claude ! » En réalité, Caligula a été occis au détour d'un couloir. Claude, paniqué, s'était planqué au palais derrière un rideau, mais ses pieds dépassaient, et les prétoriens, qui l'aimaient bien, l'avaient délogé pour l'acclamer. Récemment, dans *Gladiator*, on a vu Marc Aurèle assassiné par son fils Commode, alors qu'il est mort de la peste à Vindobona, à Vienne. Quoi encore ? Dans je ne sais plus quel film, un jeune officier romain, envoyé en mission à Jérusalem, consolait sa copine : « Écoute, pleure pas ! Je reviendrai par la galère du samedi... » On jurerait du Pierre Dac.

Certains romans ne sont pas mal non plus. Par exemple, le vrai-faux journal de Tétricus, un usurpateur gaulois. Lui, il a existé, mais au IIIe siècle. Or j'y ai repéré des tartines entières d'Ausone et de Rutilius Namatianus, qui vivront respectivement au IVe et au Ve siècle. Bof ! À deux cents ans près ! Ou encore, dans un autre roman dont on m'avait demandé le compte rendu, sur les martyrs de Lyon en 177. On décrit une messe, qui se termine sur : « *Ite ! Missa est !* » Les fidèles ont dû faire une drôle de tête, car à l'époque, ça pouvait dire : « Filez ! Elle est congédiée. » C'est qu'entre saint Irénée et saint Pie V, au XVIe, le latin avait évolué ! Finalement, je préfère *Astérix*. Et Monteilhet ou Anne de Leseleuc en seront bien d'accord. Eux, ils savent de quoi ils parlent, et j'ai plaisir à le dire.

Tout vient de ce qu'on se meut dans les généralités, dans l'abstrait. *La* Rome antique, *les* Romains ! Mais *quelle* Rome ? *Quels* Romains ? Cela va quand même de 753 avant J.-C. à 476 après : douze siècles dans lesquels on patauge, toutes époques confondues. On chamboule la chronologie, on mélange les styles, ce qui prouve qu'on s'en fiche complètement. Au fond, Rome, à qui nous devons tant, est morte une seconde fois. Encore un peu de temps et la colonne Trajane, l'arc de Septime Sévère, les inscriptions des catacombes, tout cela ne dira plus rien à personne. C'est pour conjurer cette menace, autant que je le pouvais, que j'aurai passé ma vie à essayer de ressusciter ces temps-là, ce qui s'y passait, ce qui s'y pensait, cette civilisation dont je suis tombé amoureux en sixième, au lycée de Bordeaux.

Cela dit, plutôt que de vous infliger une conférence avec des premièrement, deuxièmement, etc., je ferai simple. Je partirai de ce qui se dit : des clichés, des phantasmes qui traînent partout quand on parle de Rome et des Romains, en essayant de voir chaque fois ce qu'il en était vraiment. L'important est de comprendre comment s'écrit l'Histoire, la fausse, et si possible la vraie.

Partons des phantasmes d'en bas. Les Romains passaient leur temps couronnés de roses, à s'empiffrer de victuailles compliquées – les orgies romaines ! –, et, une fois gavés, ils se rendaient au *vomitorium* pour remettre le compteur à zéro, afin d'aller jusqu'au bout du menu gastronomique. Qui n'a entendu cela ? Bon, premier contresens, les *vomitoria.* Ce n'était pas une annexe spécialisée des toilettes, comme j'en ai encore vu en Allemagne en prévision de la fête de la bière. Non, c'étaient les issues des lieux de spectacle, du Colisée par exemple, par où sortait la masse des spectateurs.

Les couronnes de fleurs ? Ça, c'est vrai. On mettait ça dans les dîners un peu soignés, même si ça n'allait pas à tout le monde. Mais ce n'était pas pour autant la grande bouffe en toge. Je sais bien qu'il y avait à Rome comme partout des noceurs. Mais quand les auteurs y font allusion, c'est toujours dans un contexte, soit de mise en boîte, comme dans le festin de Trimalchion, de Pétrone, soit de réprobation scandalisée, comme dans les *Philippiques* de Cicéron contre Antoine : « Rappelle-toi, quand tu dégueulais sur les tables de tes amis… », ou encore dans la *Satire* XII de Juvénal, ou dans la *Consolation à Helvia* de Sénèque : « Ils vomissent pour manger et mangent pour vomir. » Ça le dégoûtait, Sénèque. Car enfin, noceurs mis à part, qu'on montrait du doigt, les Romains préféraient garder leur dîner.

Montons d'un cran, et voyons les cas où c'est l'idéologie qui fausse l'histoire. Rome a connu successivement trois régimes : *la monarchie* (753 à 509 av. J.-C.) ; *la république* (509-27 av. J.-C.), où le Sénat détient les pouvoirs, l'exécutif étant assumé par des magistrats temporaires, consuls, préteurs, etc., et enfin *l'empire* (31 av. J.-C.-476 ap.). Mais là encore, attention ! En droit, c'est toujours la république, mais tous les pouvoirs sont maintenant concentrés dans les mains d'un seul, celui qu'on appellera désormais « César Auguste ». Un peu comme si, chez nous, le président de la République était en même temps Premier ministre, régent de la Banque de France, président de la Cour de cassation, secrétaire général de la CGT, et archevêque de Paris.

Évidemment, le Français moyen opposera république et empire comme démocratie et tyrannie, régression et progrès, etc. La république, c'est 1789, *La Marseillaise*, etc., et l'empire, c'est Napoléon III, Guillaume II, etc. Donc, il pense que la république romaine était plus progressiste et généreuse que l'empire. Eh bien, il a tout faux. S'il veut bien y regarder de près, il s'aperçoit que la république romaine n'a rien d'une démocratie au sens où nous l'entendons. Les élections ne se font pas par tête, un homme, une voix. Elles sont censitaires, puisque le peuple romain était distribué en groupes allant des plus riches aux plus modestes. Plus on descendait dans l'échelle sociale, moins le vote comptait. Et de fait, c'étaient toujours « les grandes familles » qui monopolisaient les postes à influence et qui pillaient tranquillement les territoires conquis. Elles n'étaient soumises à aucun contrôle. Non seulement nos analogies modernes ne tiennent pas, mais encore, il faut en inverser les termes. En effet, avec l'arrivée des Césars au pouvoir, la poignée de notables qui faisaient la pluie et le beau temps, qui trustaient les « fromages » sans avoir de comptes à rendre à personne, cette oligarchie doit maintenant compter avec un Monsieur qui met son nez dans les comptes, qui contrôle la gestion des gouverneurs des provinces. Bref, avec un patron qui met fin « aux libertés », comme disent vertueusement les auteurs républicains de l'époque. Notamment la liberté de s'en mettre plein les poches au détriment des populations sans protection. J'ajoute que le petit peuple des provinces a trouvé son compte au changement de régime. De même les esclaves. Là encore, laissons nos modernes considérations. Il y en avait, certes, de très malheureux, mais il y en avait d'autres qui ne tenaient pas du tout à être libres, si c'était pour se retrouver sans un sesterce. En tout cas, ils seront infiniment mieux traités sous l'empire que sous la république. Caton l'Ancien (234-149 av. J.-C.) assimilait le vieil esclave à la vache hors de service :

à vendre au meilleur prix. En revanche, voyez comme en parlent Sénèque et Pline le Jeune, au Ier et au IIe siècle. Nos idées toutes faites en prennent un coup ? Tant mieux.

Même chose pour l'image de l'Empire romain dictature militaire ou État policier, façon Hitler ou Staline. On parlait péplums. Les films nous montrent des soldats armés jusqu'aux dents à tous les coins de rue, à croire qu'on tombait tous les cent mètres sur une patrouille. Certes, les légions constituaient un puissant instrument de conquête et de maintien de la *pax romana*, dont tout le monde était bien content. Mais sur les 3 300 000 km^2 qu'englobait l'Empire à son apogée – comptez 60 à 70 millions d'habitants ethniquement disparates –, Rome a eu l'intelligence de laisser en place, sous tutelle bien sûr, les structures locales : politiques, administratives, policières, religieuses. Ce sont les fonctionnaires du cru qui assurent l'ordre dans les provinces, sous l'œil du proconsul ou du légat, mais il n'intervient qu'en cas de problème. Exemple : à Corinthe, dans les années 51-53, il y avait eu un incident entre les juifs et saint Paul, qu'on avait déféré devant le proconsul – qui était Novatus Gallion, le frère de Sénèque. Mais lui, il leur dit équivalemment : « Moi, vos histoires, je n'en ai rien à f... » (*Act.*, 18, 12-17). Sur ces immenses territoires, à part les garnisons frontalières et quelques points chauds où des troubles sont endémiques, le dispositif militaire est plutôt léger. Quant à la sécurité des populations, surtout rurales, elle a toujours fait problème. Il a fallu attendre le IIe siècle ap. J.-C. pour éradiquer la piraterie. Les campagnes ne seront jamais sûres, réduites à l'autodéfense : on la pratique sans états d'âme. Les voyages n'ont rien de rassurant, même pour les fonctionnaires en mission : plus d'un y a laissé sa peau.

Mais à Rome ? De jour, la sécurité est à peu près garantie. En revanche, dès que tombe la nuit, mieux vaut rentrer chez soi et s'y boucler. S'il faut absolument sortir, que ce soit escorté par des esclaves munis de torches, car, faute d'éclairage urbain, on risque de se flanquer par terre. Mais surtout parce que les patrouilles sont rares et leur efficacité d'intervention réduite. Non seulement on n'y voit rien, mais ces ruelles de trois mètres de large sont entrecoupées de gros pavés permettant, en cas de forte pluie, de traverser sans se tremper les pieds. Allez donc faire manœuvrer une section dans ce labyrinthe où l'on se casse la figure tous les vingt mètres ! D'autant plus que la police n'est pas toujours là où l'on en a besoin. Mieux vaut donc se coucher de bonne heure, derrière une bonne porte, gardée par un chien sérieux. *Cave canem !*

Le prince est-il, du moins, mieux loti ? Certes, il était gardé par les prétoriens. Mais si vous jetez un coup d'œil sur la liste des empereurs – et des usurpateurs – et si vous avez la curiosité de vous enquérir sur la façon dont ils sont décédés, vous aurez des surprises. Sur cinq cents ans, 57 % des Césars ont été occis par un complot ou un coup de main. Et si j'affine les statistiques, je constate que de 190 à 290, sur 33 princes, on dénombre 24 meurtres, ce qui donne 72,7 %. Les difficultés inhérentes à un milieu fait de coteries, de clans, les allées et venues du prince, ses contacts avec le public, ses campagnes militaires, tout cela faisait du métier de César une profession à haut risque. Encore fallait-il que le César fût attentif à sa propre sécurité.

À ce propos, une anecdote. Auguste, qui était assez porté sur la chose, avait l'habitude de faire entrer des filles directement dans sa chambre, en litière fermée. Si bien qu'un jour, il voit débarquer... le philosophe Athénodore, son conseiller personnel. Au dernier moment, le vieux s'était substitué à la fille, et il était arrivé là sans avoir subi le moindre contrôle. Athénodore voulait démontrer ainsi à Auguste les risques de son incroyable insouciance. Essayez donc d'en faire autant aujourd'hui...

Du coup, des doutes nous viennent quant à l'efficacité de la garde impériale, de la police, des services de renseignement. Qu'en était-il des agents secrets, espions et autres barbouzes ? Ayant étudié la question dans plusieurs articles, je puis vous dire qu'en effet, on trouve mention dans les textes de gens qui font du renseignement, politique ou militaire. Mais ils opèrent de façon, si j'ose dire, artisanale. Ce n'est guère qu'au Bas-Empire, et surtout sous les empereurs chrétiens, qu'on voit apparaître et proliférer un corps spécialisé, les *agentes in rebus*, les « chargés d'affaires » – remarquez le flou de l'appellation. Ils avaient d'intéressantes perspectives de carrière, tout un système de cooptation, de primes, etc. Certains ont même laissé un nom, comme le fameux Paul la Chaîne, qui aurait cuisiné son propre père… Mais tout ce que nous venons de dire n'évoque guère l'idée d'un État policier au sens où nous l'entendons aujourd'hui.

Autre nid de poncifs : les premiers chrétiens. On imagine des vieillards mitrés à barbe blanche, des vierges au regard extatique – tout le kitsch des vitraux du XIXe siècle. C'est *Quo vadis ?*, *Fabiola*, etc. Ces pauvres gens ont, paraît-il, vécu trois siècles dans les catacombes, d'où ils ne sortaient que pour aller se faire dévorer par les lions. C'est à se demander comment, à l'avènement de Constantin, il en restait encore. Et par quel miracle ils sont devenus majoritaires du jour au lendemain !

La vérité est assez différente. Et d'abord, le sort des chrétiens résulte d'un tragique malentendu. Question religion, Rome était ville ouverte : les dieux étrangers y étaient bien accueillis. Toutefois, se refuser à sacrifier aux dieux romains était mal pris, car c'était se refuser à un rite civique, à une manifestation de patriotisme, un peu comme ne pas se lever, ni ôter son chapeau, quand on joue *La Marseillaise*. En s'y refusant, les chrétiens prenaient le risque de passer pour de mauvais citoyens – ce qu'ils n'étaient pas –, et les magistrats, souvent sous la pression du public, se voyaient contraints de les sanctionner. Cela étant, les persécutions n'ont pas eu, et c'est heureux, l'efficacité destructrice de nos modernes génocides. On en compte sept : 1. sous Néron après l'incendie de 64, et ce n'est pas comme chrétiens, mais comme incendiaires qu'ils ont été poursuivis, alors qu'ils n'y étaient pour rien, Néron non plus, d'ailleurs, visé par la noblesse ; 2. sous Domitien (81-96) ; 3. sous Trajan (98-117) et Hadrien (117-138) ; 4. sous Marc Aurèle (les martyrs de Lyon en 177) ; 5. sous Décius (249-251) ; 6. sous Valérien et Gallien (253-259), et, finalement, 7. sous Dioclétien et Galère (284-304), et là, ce fut terrible, car la persécution fut générale. On compte 5 000 victimes. Mais entre les crises, les chrétiens vivaient au jour le jour, se hissant parfois à des postes importants. Ils n'y donnaient pas forcément tous le bon exemple, s'il faut en croire l'évêque Eusèbe de Césarée : il va jusqu'à dire que la persécution de Dioclétien était une punition divine.

Quant à cette histoire de catacombes, c'est un simple contresens. D'abord, qui aurait pu s'installer à demeure dans ces galeries humides, empuanties de corps en décomposition ? Et puis, la police connaissait l'endroit. Elle aurait cueilli les gens qui auraient eu l'idée saugrenue de s'y réfugier. La légende repose sur trois faits avérés : 1. la clandestinité dans laquelle les chrétiens glissaient en temps de persécution, mais il y avait de meilleures caches ; 2. l'habitude d'ensevelir leurs morts dans les mêmes nécropoles, gérées par les fameuses mutuelles funéraires chères à tous les Romains, païens ou chrétiens ; 3. enfin, la pratique qui se mettra en place de célébrer la Cène sur les reliques des martyrs. Pour le reste, dans la vie quotidienne, les chrétiens vivaient comme tout le monde. Ce n'est pas moi qui le dis, mais un texte chrétien du IIIe siècle.

Dernier exemple, plus complexe, la façon dont écrivaient les auteurs anciens, avec des sous-entendus qui échappent au lecteur moderne, qui lit cela comme un fait divers dans le journal de ce matin. J'ai montré cela dans *Au bonheur des sages*[1]. Ainsi, comment l'historien romain s'y prend-il pour suggérer à la postérité que tel César était un tyran ? En lui attribuant sept traits de caractère. 1. *L'impiété envers les dieux.* Ainsi, Tibère était indifférent aux cultes, et préférait l'astrologie ; Caligula avait fait scier la tête de Zeus Olympien pour mettre la sienne à sa place, et voulait introniser sa statue dans le temple de Jérusalem. Néron avait pissé contre la statue d'une déesse et violé une vestale. 2. *L'irrespect pour la famille.* Tibère détestait la sienne. Caligula empoisonne sa grand-mère et la fait incinérer sans cérémonie. Il la regarde même brûler depuis sa salle à manger. De plus, il couche avec ses sœurs. Néron, lui, c'est avec sa mère, qu'il fera assassiner, et il tue sa seconde

1. Lucien Jerphagnon, *Au bonheur des sages*, Paris, Desclée de Brouwer, 2004.

femme, Poppée, qui était enceinte, en la rouant de coups de pied. 3. *La cruauté arbitraire.* Tibère, Caligula, Néron, Domitien, Commode sont décrits comme autant de monstres. 4. *La lubricité dépravée.* Tibère, puritain en apparence, est dépeint comme pédophile par Suétone. Caligula déshonore des matrones de haut rang et renseigne les maris sur les performances de leurs épouses. Néron épile lui-même ses concubines. 5. *Les exactions financières.* Tibère captait les testaments, Caligula aussi. 6. *La boisson.* Tibère, Caligula, Néron, Commode se seraient saoulés à mort. Enfin, 7. *La démesure*, qui offense la tradition séculaire de sagesse. Caligula et ses bains d'or, Néron et sa Maison d'or, etc.

Vous avez deviné que ce déballage d'abominations est trop systématique pour être honnête. Le progrès des études historiques a permis de découvrir que tous ces traits de caractère, qu'on prenait au pied de la lettre jusqu'au milieu du XXe siècle, étaient tout simplement un code réactivé à partir de traditions archaïques. La panoplie du parfait tyran, en quelque sorte. Exemple : au VIe siècle av. J.-C., Périandre de Corinthe passe pour avoir couché avec sa mère, tué sa femme enceinte à coups de pied, pratiquer le voyeurisme et la nécrophilie, etc. Plus tard, au Ier siècle av. J.-C., Cicéron appliquera cela à Catilina et à Antoine. Et au IIIe siècle, saint Cyprien, évêque de Carthage, ressortira ces clichés pour dénoncer le prêtre schismatique Novatus, « un tyran furieux », écrit-il : il a laissé son vieux père crever de faim, ne s'est même pas soucié de l'enterrer, il a tué sa femme enceinte – devinez comment ? – à coups de pied, il a spolié des veuves, etc. Bref, celui qui écrit l'histoire donne à entendre que les tyrans sont des gens contre nature. Et quand l'historien d'aujourd'hui a décrypté le code, il est mieux outillé pour interpréter les textes, et il procède à des recoupements qui lui permettront d'entrevoir – je dis bien : d'entrevoir – une lueur de vérité plausible. Ou de découvrir la présence d'un autre symbolisme, passé sous silence ou occulté par l'historien romain… Je termine là-dessus en citant le cas de Caligula, « mauvais » empereur s'il en est. Mais aux yeux de qui est-il mauvais ? Et en quel sens ?

Pauvre Caligula ! Dans trois navets, *La Tunique*, *Caligula* et la série télévisée anglaise, *Moi, Claude, empereur*, on a fait de ce jeune homme de vingt-cinq ans un malade d'asile, relevant de la psychiatrie lourde. Sur quoi se basent les gens de cinéma ? Mais sur ce qu'ils trouvent dans les bouquins d'autrefois, qui ont recopié les textes antiques sans voir ce qu'il y avait dessous. Du coup, Caligula est le tyran idéal, si j'ose dire. Il tue, torture, couche avec ses sœurs, fait dissoudre une belle perle dans du vinaigre et boit le tout. Il ne circule qu'entouré de larbins qui psalmodient des litanies à sa gloire, il prend des bains d'or, il balance des pièces d'or sur le peuple du haut de la basilique Julienne, il veut faire consul son cheval préféré, il veut introniser sa statue dans le temple de Jérusalem puisqu'il est dieu, etc.

Tout cela figure, en effet, dans Philon, Sénèque, Pline, Suétone, lus au premier degré.

Qu'en fut-il au juste ? Certes, comme les gens de sa dynastie, Caligula a une hérédité chargée : il est intelligent, mais paranoïaque. Pour autant, en regardant les choses de près, on voit, par exemple, que ses cruautés sont sélectives. Elles ne s'exercent jamais sur le petit peuple, que Caligula adore, au contraire. Bien plus tard, Dion Cassius dira qu'il fut « le plus démocratique des princes ». Pour un tyran... En fait, c'est sur la haute société, sur le milieu sénatorial que Caligula s'acharne, autrement dit sur son propre milieu, qu'il méprise parce qu'il l'a vu à l'œuvre depuis son enfance. Tout s'éclaire : ce n'est pas le petit peuple qui écrit l'histoire, mais les lettrés, les hauts milieux. Alors, vous pensez bien qu'ils ne l'ont pas loupé... Ils en remettent. Le coup du cheval consul, par exemple. Quand Caligula fait cette proposition loufoque, il veut dire que, le sénateur moyen étant ce qu'il est, son bourrin ne ferait pas plus mal. Évidemment, ça a été mal pris par le Sénat, et on a dit : « Vous voyez bien : il est cinglé ! »

Mais il y a plus significatif. Prenons les autres comportements choquants. Le fait de coucher avec ses sœurs. À Rome, ça ne se fait pas. Mais en Égypte, sous les Lagides, les noces philadelphes étaient une conduite traditionnelle. La perle dissoute dans le vinaigre, c'était pour s'assimiler à Cléopâtre, bien sûr. De même pour la valetaille qui le suit pas à pas en chantant ses louanges :

encore un rite pharaonique. Ainsi que pour les bains d'or. Un texte du pharaon Séthos Ier, de la XIXe dynastie, dit : « Quant à l'or, c'est la chair des dieux, ce n'est pas votre affaire. » À partir de là, tout s'éclaire : Caligula, qui est dieu en Égypte, puisque successeur des pharaons, veut installer à Rome une monarchie de type lagide, une royauté pharaonique. Pourquoi ? Parce que lui-même a été ébloui par ce pays merveilleux conquis depuis peu par Rome. Et puis, Caligula descend d'Antoine par sa grand-mère Antonia. Antoine rêvait, lui aussi, d'un empire d'Orient, et qui en avait été empêché par son rival Octave, devenu le premier des Césars. Caligula vit entouré de tout un personnel égyptien, etc. Seulement, là où des hommes équilibrés, comme Octave, précisément, ou Tibère, se sont bien gardés de jouer au dieu, ce gamin un peu givré va prendre ça au pied de la lettre. Dieu en Égypte, il veut l'être partout. Bel exemple de délire paranoïaque, mais on ne délire jamais tout seul. Ici, cela manifeste une volonté politique : unifier l'Empire autour de sa divine personne. Seulement, ce pauvre garçon est en avance de deux cents ans sur son temps, et le peuple romain, encore traumatisé par les luttes épiques d'Octave et d'Antoine, ne tient pas du tout à voir Rome se transformer en monarchie orientale. Et surtout pas le Sénat ! Du coup, les dieux vont rappeler prématurément Caligula, vite fait, bien fait, entre deux portes, suite à un complot monté par les milieux sénatoriaux. Plus tard, les historiens forceront sur le côté « mauvais empereur » d'un cinglé, en appliquant la recette dont nous avons parlé, et laisseront dans le flou la vraie raison de l'*égyptomania*. Quant aux modernes, ils se débrouilleront comme ils pourront... On en dirait autant du pauvre Néron et de quelques autres, victimes du même procédé de dénigrement posthume.

Moralité : intéressons-nous à l'histoire, bien sûr. Mais surtout, intéressons-nous à la façon dont on écrit l'histoire. Un historien utile n'est pas un greffier, rédigeant un compte rendu du passé. Ce n'est pas non plus un poète inspiré déclamant la légende des siècles. C'est tout simplement un espion, un agent secret d'une actualité révolue.

Remarques sur Pline l'Ancien

En fait, je vais vous poser une question très simple : est-ce qu'une huile d'olive est une huile que l'on peut dire *naturelle* ? La question paraît bizarre, mais répondez-y quand même. Si vous répondez « oui », ce que je pense, vous serez à peu près d'accord avec moi, mais vous serez surtout d'accord avec Pline l'Ancien – ce vieillard savant, mort en 79 dans la catastrophe du Vésuve. En revanche, si je vous pose la question : est-ce que l'huile de noix est naturelle ?, vous aurez tendance à répondre « oui » et, ce faisant, vous ne seriez plus d'accord avec Pline l'Ancien, parce que celui-ci considère l'huile de noix comme artificielle. De même : si vous considérez le vin, Pline considère le vin naturel comme issu de la vigne. En revanche, le cidre, le poiré, tout cela, il le considère comme un vin artificiel. D'où alors, bien sûr, une question que nous nous posons : pourquoi, diable !, cette discrimination naturel-artificiel à propos d'objets que nous avons tous envie d'appeler « naturels ».

Précisément, cela touche à la façon de percevoir l'univers. En fait, ce que l'on perçoit dans l'univers, ce n'est pas un monde *en soi*, mais un monde *pour nous*, c'est-à-dire, en définitive, un ensemble d'habitudes sociales. Si Pline l'Ancien considérait comme naturelle l'huile d'olive et comme artificielle l'huile de noix, c'est tout simplement parce que, dans le bassin méditerranéen où il vivait, dans le monde romain tel que nous le connaissons, l'huile d'olive était d'un emploi constant – tout le monde en faisait usage, et pratiquement personne ne se servait d'huile de noix. On buvait du vin et on ne buvait, pour ainsi dire, jamais de poiré, de cidre ou je ne sais quelles boissons.

Ce qui montre bien, somme toute, que ce que nous appelons l'univers, ce que nous appelons la nature, ce que lui appelait la *natura*, c'était un ensemble de conventions, un ensemble d'habitudes sociales. Nous percevons sous le nom de nature ce que j'appellerais un cadastre mental qu'il ne fait pas bon déranger et qu'on ne dérange, ni ne change jamais sans angoisse. D'où cette répugnance que je trouve chez un homme comme Pline l'Ancien à l'égard de toute modification imprudente de cet univers mental. Il ne faut pas transformer, il ne faut pas modifier la nature dont l'ordre est établi une fois pour toutes.

Je fais exprès appel à Pline l'Ancien parce que c'est un penseur non religieux, ce qui diminue la question de la présence des dieux. C'était un homme assez parfaitement

– je ne dirais pas athée, il n'y en a eu guère dans l'Antiquité –, mais, enfin, ne forçant pas sur la dimension sacrée de l'univers. J'ai pu relever dans les quarante-huit volumes de l'*Histoire naturelle* de Pline l'Ancien quelques exemples de cette crainte. Par exemple, Pline condamne le travail des mines : on ne doit pas creuser de trous ; il ne faut pas creuser de digues ; il ne faut pas, notamment, creuser des canaux de voierie parce qu'ils menacent la solidité des villes. Bien sûr. Qu'aurait-il donc pensé du métro ? Il craint passablement les greffes. Il sait qu'il y a de bonnes greffes, mais il croit savoir que la greffe représente un grave danger : il y a des greffes insolites, et si on rapproche deux essences végétales qui ne sont pas faites pour aller ensemble, on risque alors de voir, de proche en proche, gagner la confusion, une sorte de foisonnement végétal extrêmement inquiétant, puisqu'il touchera et désorganisera à jamais cet univers végétal duquel nous tirons notre subsistance – un univers végétal dans lequel il fait si bon vivre.

Je voudrais rapprocher l'image de ce foisonnement végétal inquiétant aux yeux de Pline d'un souvenir, beaucoup plus proche, daté de 1946. Vous souvient-il – les plus anciens d'entre nous se le rappellent ! – qu'en 1946, en été – c'était je crois vers le début de juillet –, les Américains ont procédé à une des premières expériences de désintégration dc l'atome sur l'atoll de Bikini. Ce mot maintenant est devenu tout à fait général et désigne le minimum jusqu'où peuvent aller les demoiselles quand elles se baignent. Bikini était alors un atoll, une île sur laquelle les Américains ont fait exploser un certain jour une bombe atomique. J'avais alors vingt-cinq ans, j'étais nourri de philosophie, c'est l'âge des concours. Je me souviens, en dépit de tout cet acquis rationnel, oui, je me souviens – je le confesse –, avoir éprouvé une sorte de terreur diffuse à l'évocation de ce qui risquait demain matin, après-demain ou jeudi, de commencer. Cette désintégration dont je me demandais si on allait être capable de l'arrêter, de la circonscrire dans des limites étroitement scientifiques. Exactement. Le jeune homme du vingtième siècle que j'étais alors craignait que ne gagne cette confusion générale que redoutait déjà Pline l'Ancien à propos des greffes un peu bizarres, ou un peu trop insolites.

J'ai pu remarquer un dernier exemple à propos de la navigation. Trouver quelque chose en matière de navigation était une nécessité pour les Anciens et on venait précisément à cette époque de trouver quelques éléments permettant de voyager, je ne dis pas plus confortablement, mais de façon un tout petit peu plus sûre. Or on pourrait s'attendre à ce qu'un naturaliste se réjouisse des avantages que pouvaient procurer ces modifications à l'art de la navigation. Mais pas du tout. Il y aurait eu les avantages économiques : toutes sortes d'avantages. Mais pas du tout. Ce qu'il voit d'abord, c'est le danger, le péril de telle découverte et de la navigation en général. Je cite au livre dix-neuvième : « Aucune exécration n'est de trop contre l'inventeur qui, non content que l'homme dût mourir sur cette terre a encore voulu qu'il risque de mourir sans sépulture ! »

Je voudrais souligner que les histoires naturelles de Pline l'Ancien, écrites au premier siècle, ont constitué, il faut le rappeler, le fonds du savoir en matière de nature pendant quelque chose comme… quinze siècles. Tout le Moyen Âge a vécu sur ce fonds et, longtemps encore après, nous avons été hantés par ce recueil. Je ne pense pas qu'aucun *best-seller* n'ait eu une telle audience, et je ne pense pas plus que nous soyons entièrement débarrassés de cette imprégnation toute séculière.

On dit souvent d'une chose, d'un fait, d'un sentiment qu'il est "naturel" pour le justifier ou le refuser — Que veut dire "naturel" ? des cas simples

312 bataille de Milvius – vision chrétien
352 prohibition des anciens cultes

Les premiers chrétiens, du cirque à la pourpre

Comment se fait-il qu'en 312, Constantin ayant gagné sur Maxence la bataille du pont Milvius, l'Empire romain se soit réveillé chrétien ? Comment se fait-il encore qu'en 356-357, les chrétiens se pavanant dans la pourpre des Césars, les anciens cultes aient été prohibés, les temples païens détruits, et le christianisme décrété religion d'État ? Cela ne nous laisse guère d'hypothèses. Ou bien les persécutions ont été moins meurtrières qu'on ne l'a dit – et dans ce cas, si vraiment les Romains avaient programmé la solution finale, leurs services de renseignement et d'intervention laissaient à désirer. Ce serait bizarre, car l'histoire romaine offre des exemples d'interventions autrement réussies. Il y a là un point à éclaircir.

Autre hypothèse : les chrétiens ont bien été massacrés pendant trois siècles, mais à mesure que leurs communautés s'amenuisaient, ils laissaient un tel souvenir de sainteté qu'à l'aube du IVe siècle, la poignée restante aurait suffi pour faire basculer les païens, enfin éclairés, dans le christianisme. Très beau. L'ennuyeux, c'est que cela ne colle pas avec ce qu'écrivent les évêques de l'époque : question sainteté de leurs ouailles, ils n'ont pas l'air convaincus, comme je vous le montrerai un peu plus loin. Et après, ce n'est pas mieux.

Alors, il n'y a plus que le miracle : Constantin a une vision ; il gagne la bataille du pont Milvius, et l'Empire se convertit en masse. Nous reviendrons sur la vision de Constantin. Cela aussi, c'est très beau, mais scientifiquement, j'hésiterais à m'appuyer sur une hypothèse aussi – comment dire ? – aussi dispendieuse pour l'esprit, à laquelle, d'ailleurs, ne se rallient plus, aujourd'hui, qu'une poignée de gens en voie d'extinction. J'aimerais mieux quelque chose de plus simple, la vérité, par exemple, telle qu'on peut l'approcher au travers des faits, des textes et des dates.

C'est à cette recherche que nous allons consacrer un moment. Je vais sûrement faire un peu de casse, mais faut-il s'excuser quand la vérité est en jeu, dont l'apôtre Paul dit qu'elle nous affranchit ?

Je voudrais d'abord dire une chose : le gros risque que courait le christianisme à ses tout débuts, c'était l'indifférence. À Rome et dans l'Empire, il y avait des dieux par centaines, et qui venaient de partout. Alors, un de plus, un de moins… Voyez, dans les Actes des Apôtres (XVII, 16 et s.), Paul à l'Aréopage. Les gens l'entendent annoncer « Jésus et la Résurrection » – en grec, ça se dit : « *Ton Hiésoun kai tèn anastasin* », et ils se disent : « Tiens, il prêche des divinités exotiques. » Car ils ont compris « Jésus et Anastasie », comme il y avait Isis et Osiris, Déméter et Koré, Cybèle et Attis. Mais quand ils réalisent qu'il s'agit de la résurrection d'entre les morts, ils partent en rigolant, mais sans marquer la moindre hostilité.

Quant au plan civique, dès lors qu'on ne mettait pas la pagaille, qu'on respectait la tradition, on pouvait bien adorer qui on voulait. Voyez par exemple au chapitre XVIII des Actes : les Juifs d'Achaïe traduisent Paul devant le proconsul Gallion (par parenthèse, le frère de Sénèque), et ils lui disent : « Il enseigne à adorer Dieu d'une façon contraire à la loi. » Gallion répond : « S'il agissait d'une injustice ou d'un délit, je vous écouterais. Mais du moment qu'il est question de mots, et de votre loi à vous, je n'en ai rien à faire. » Et puis, pour rester dans les Actes (XXV, 18-19), regardez le passage où Festus, le nouveau gouverneur de Judée, vient de se voir refiler le dossier de Paul. Il vasouille dans son rapport. On sent qu'il ne sait pas quoi mettre. Ce qu'on sait, c'est que finalement, comme citoyen romain, Paul ira en appel devant l'empereur contre les Juifs. Preuve que Paul ne voit pas dans le pouvoir romain une menace, mais un recours, une protection contre ses anciens coreligionnaires qui veulent lui faire la peau. Si donc les choses ont si mal tourné pour les chrétiens, ce n'est pas pour un motif purement religieux. Voilà déjà un point éclairci.

Je voudrais maintenant tenter de voir les chrétiens de l'époque avec les yeux des païens, encore que le terme recouvre trente-six cultes, qu'on pouvait d'ailleurs cumuler sans problèmes. Hélas, ce dont nous disposons dans la littérature classique tient dans le creux de la main, ce qui prouve bien que les païens cultivés – ceux qui écrivaient – ne se passionnaient pas pour la question. Touchant les premiers temps, on a – mais au IIe siècle seulement –, une vague allusion de Suétone dans la *Vie des douze Césars* (*Vita Claudii*, XXV). Il est dit que l'empereur Claude (41-54) a expulsé les Juifs car ils s'agitaient à l'instigation d'un certain Chrestos, « *impulsore Chresto* », qu'il a l'air de tenir pour un agitateur du temps de Claude… À peu près contemporain, un texte plus long mais pas plus clair de Tacite (*Annales*, XV, 44) raconte que Néron (54-68) avait détourné sur des gens malfamés, qu'on appelait les chrétiens, l'accusation qu'on lui imputait d'avoir fichu le feu à Rome, à des fins d'urbanisme. Il les avait voués à des supplices épouvantables : transformés en torches vivantes sur leurs croix, ils avaient servi à éclairer ses jardins lors d'une folle soirée. Et Tacite ajoute : on sait bien que ces gens-là ne valent pas cher, mais là, Néron a quand même dépassé les bornes.

Toujours dans la même tranche chronologique, IIe siècle, il y a un échange de courrier administratif entre Pline le Jeune, gouverneur de Bithynie, sur les bords de la mer Noire, et l'empereur Trajan (98-117). Pline est bien embarrassé : « Voilà, j'ai des chrétiens dans mon secteur ; qu'est-ce que je fais ? On en a exécuté quelques-uns, sauf ceux qui avaient le titre de citoyen romain. Ceux-là, je te les envoie. Ceux qui se sont rétractés, je les ai relaxés. Par acquit de conscience, on en a torturé quelques-uns, mais ça n'a pas donné grand-chose : juste une superstition déraisonnable, et qui n'a pas le sens de la mesure. » Là-dessus, Trajan fait une réponse de Normand : « Bon, c'est très bien. Il n'y a pas à courir après systématiquement, mais si on t'en amène, tu les condamnes. En tout cas, ne tiens pas compte des dénonciations anonymes » (*Lettres*, X, 96-97). On sent bien que ce n'est pas clair dans son esprit. Ça ne le sera pas plus dans celui d'Hadrien (117-138), si on en juge d'après le rescrit rapporté plus tard par Justin et Eusèbe.

Ajoutez deux vagues allusions dans Épictète, le philosophe stoïcien (50-130), et dans Lucien de Samosate (125-190) ; une moitié de ligne dans les carnets de Marc Aurèle (161-180). Parlant du courage devant la mort, il note que les chrétiens meurent « par entêtement », donc leur exemple ne vaut pas.

C'est tout : une indifférence vaguement méprisante chez les intellectuels. Dans le peuple, en revanche, les chrétiens sont détestés, et là-dessus, ce sont les textes chrétiens qui nous renseignent, les textes classiques ne s'intéressant pas à ce que pense l'homme de la rue. Pourquoi cette hostilité ?

Au tout début, les chrétiens, venant de l'Orient, étaient perçus comme une secte dissidente juive, du reste en mauvais termes avec les vrais Juifs, qui, de leur côté, faisaient tout pour se démarquer d'eux. Dans l'Empire, les Juifs avaient un certain statut. Ils n'étaient pas très bien vus, mais enfin, on les admettait. Leur dieu était le dieu d'un peuple ; c'était « le dieu des Juifs », comme il y avait les dieux des Gaulois, les dieux africains, etc. Simplement, les Juifs n'en avaient qu'un, et ne voulaient adorer que celui-là. Pour les païens, c'était une bizarrerie de plus, s'ajoutant à leurs histoires de circoncision, de sabbat, de nourriture. Mais enfin, du moment qu'ils payaient la redevance, qu'ils ne causaient pas de troubles, ça les regardait, d'autant plus qu'ils restaient toujours entre eux.

Avec ces chrétiens, comme on les appelait, c'était beaucoup moins clair. D'abord, ce n'était pas une nation ; ils venaient de partout, et pourtant, ils avaient l'air de se raccrocher aux Juifs. Ce Chrestos, Christos, Christus, qu'ils adoraient, c'était, paraît-il, le fils que le dieu des Juifs aurait eu d'une vierge juive. Ça pouvait passer, à la rigueur : la mythologie était pleine de ces histoires.

Mais, d'une part, les Juifs ne voulaient rien savoir : leur dieu était resté sans enfants. Alors, finalement, ce

Christus était le dieu de qui ? D'autre part, la carrière de ce Christos n'avait rien de reluisant. Un artisan juif, appréhendé et remis aux autorités romaines de l'époque, parce que, selon les Juifs de Jérusalem, il mettait la pagaille en se faisant passer pour roi. Finalement, on l'avait crucifié. Ça, ça faisait mauvais effet. Si encore il avait été décapité ! Mais cela indiquait la pire condition sociale : on pensait à Spartacus, à la révolte des esclaves.

De plus, il courait de mauvais bruits sur la secte et sur ses mystères : adoration d'un individu crucifié à tête d'âne, orgies nocturnes, cultes anthropophagiques, où l'on mangeait de la chair, où l'on buvait du sang... La chair et le sang d'un enfant divin, disait-on. Pas étonnant si la secte recrutait parmi les basses couches sociales, mais des notables s'y encanaillaient, disait-on, et cela même était louche : on subodorait un vaste complot. Et du reste, on avait des échos pas très rassurants de leur doctrine. Ce dieu déclarait « apporter non la paix, mais le glaive... » (Matthieu, X, 34) ; il était venu « mettre le feu à la terre... » (Néron aurait-il eu raison ?) ; il voulait « brouiller le fils avec le père et la bru avec sa belle-mère » (Matthieu, X, 35). Rien de tout cela n'était sympathique pour le Romain moyen ignorant tout de la rhétorique hébraïque, avec le poids des mots, le choc des images... Si bien que ledit Romain aboutissait sans le savoir à la conclusion de Paul (Ire Épître aux Corinthiens, I, 23) : « scandale pour les Juifs, et folie pour les païens ». Bref, ils sont fous, ces chrétiens, et en tout cas, ils feraient bien de ne pas trop se signaler.

Or, précisément, ils se signalent, et là, c'est la goutte d'eau qui fait déborder le vase : comme les Juifs (mais les Juifs ont l'autorisation comme peuple), ils refusent d'adorer les autres dieux. On ne les voit jamais aux cérémonies ; jamais ils ne prennent part aux banquets sacrés, où l'on mange la viande des sacrifices. Et si on les y oblige, ils préfèrent généralement endurer mille morts plutôt que de céder. C'est stupide, et ce n'est pas poli. Qui sont ces gens ? Pour qui se prennent-ils, pour mépriser les divinités protectrices de Rome et de l'Empire ? Qu'est-ce que ça coûte de faire griller deux ou trois grains d'encens sur des braises, devant une statue vénérée depuis des siècles ? En quoi est-ce que cela peut déranger leur foutu dieu ? Il n'est quand même pas le seul ! Au fond, cela nous fait penser aux libertaires d'aujourd'hui, qui refusent de se lever et d'ôter leur chapeau quand on joue *La Marseillaise*.

Donc, les chrétiens sont des athées, l'accusation revient souvent dans les récits de persécutions : « Mort aux athées ! » Et il ne faut pas oublier que le peuple est superstitieux, beaucoup plus que les notables ou les intellectuels. Dans ces conditions, et la sottise des masses étant ce qu'elle a toujours été, rien d'étonnant si, en cas de coup dur, une inondation, un tremblement de terre, etc., on mette ça sur le dos des chrétiens. C'est la faute de ces athées si les dieux, vexés, envoient une punition générale.

On trouve cela dans les textes chrétiens, chez Tertullien, par exemple, au IIe siècle : « Le Tibre a-t-il débordé dans la Ville ? Le Nil s'est-il abstenu de déborder dans les campagnes ? Le ciel est-il resté immobile, la terre a-t-elle tremblé ? La famine ou la peste se sont-elles déclarées, aussitôt on crie : Aux lions les chrétiens ! » (*Apologétique*, XL, 1-8). Même chose au siècle suivant, chez Cyprien de Carthage : « Beaucoup de gens font endosser aux chrétiens la responsabilité des guerres, des épidémies, des famines, des sécheresses... » (*À Démétrianus*). Dans cette ambiance, il était fatal qu'il y ait des voies de fait contre les chrétiens, ce qui nous amène à examiner la question des persécutions.

Je le dis tout de suite : elles n'ont été, heureusement, que sporadiques. Nous avons vu que les autorités étaient mal à l'aise quand il fallait définir un motif d'inculpation : au fond, on ne sait pas trop quoi leur reprocher.

Alors, si on regarde chaque dossier de près, on découvre que plus d'une fois, les drames se sont produits au hasard des circonstances, bêtement : « C'est la faute des chrétiens ! » Souvent, les autorités locales auraient préféré laisser tomber, et si elles ont officialisé les poursuites, c'est par démagogie, pour ne pas décevoir l'opinion publique qui réclamait des sanctions. Voici la liste des principales persécutions, par ordre chronologique.

Sous Néron, à l'époque, donc, où Pierre et Paul se

trouvaient à Rome, j'ai dit que les chrétiens ont subi des supplices affreux, cependant, ce n'était pas en tant que chrétiens – à l'époque, personne ne savait ce que c'était –, mais en tant qu'incendiaires présumés. On ne peut donc pas parler de persécutions au sens strict, même si Néron a porté un décret contre les chrétiens : « *Non licet vos esse.* » Par parenthèse, le décret en question a été annulé à sa mort, avec le reste de sa législation. Seulement, maintenant, l'alerte est donnée : les chrétiens sont, si j'ose dire, dans le collimateur.

Sous Domitien (81-96), donc vingt-cinq ans plus tard, nouvelle flambée de violences contre les chrétiens, mais cette fois, ils sont devenus une force, et ils regimbent. L'*Apocalypse*, qui date de ce temps, exprime au moyen de clefs, qu'on est loin d'avoir toutes trouvées, un parti pris violemment antiromain. L'auteur appelle Rome « la grande putain » (c'est gentil…), lui souhaite le feu (on sort d'en prendre !), la peste et la famine (alors que l'administration est dans ses petits souliers pour peu qu'un convoi de ravitaillement ait du retard). Si bien que les chrétiens, aggravant leur cas, donnent alors prise aux pires accusations de la part d'un milieu déjà mal disposé.

On remet ça sous Trajan (98-117) – la correspondance avec Pline… – et sous Hadrien (117-138). Les choses se précisent : on juge les chrétiens comme déloyaux à l'Empire. Il y a désormais un délit de christianisme – sur lequel certains fonctionnaires préfèrent fermer les yeux, mais ce n'est pas toujours possible.

Sous Marc Aurèle (161-180), il y a l'affaire célèbre des martyrs de Lyon, en 177. On sait maintenant ce qui s'est passé. D'abord, parmi les chrétiens, il n'y a pour ainsi dire pas de Lyonnais de souche. Les chrétiens de Lyon sont quasiment tous des Asiates, qui viennent de Pergame, attirés par l'expansion économique de la région. On les regarde déjà d'un sale œil. Avec cela, le fait qu'ils aient paru bouder les pieuses manifestations célébrant les victoires de l'empereur sur les barbares, à un moment où ça commençait à très mal aller, les a marqués comme asociaux. D'où les scènes écœurantes à l'amphithéâtre, sur la colline de Fourvière, où tombèrent Blandine, Pothin, Attale, et une quarantaine d'autres.

Tout le IIIe siècle est fait de violences antichrétiennes alternant avec des périodes de paix, pendant lesquelles le christianisme connaît une forte, très forte expansion, ce qui fait dire à Tertullien que le sang des martyrs est une semence (*Apologétique*, L, 13). Or voilà bien que se développe chez les chrétiens – c'est l'époque qui veut ça – une mentalité exaltée, genre « fous de dieu » : ils font dans la provocation, poussent à l'objection de conscience dans l'armée, appellent à la lutte contre les institutions, contre l'autorité des traditions, des juristes... Lisez Tertullien et vous serez édifié. En tout cas, vous comprendrez mieux les réactions du pouvoir civil. Avec cela, des excités faisaient de la surenchère, proclamaient leur soif du martyre. Des cinglés criaient :

« Frères, tout le monde aux lions ! », et les autorités, agacées, se disaient : « S'il n'y a que ça pour leur faire plaisir… » Bref, le climat devenait malsain, en dépit des efforts des évêques pour calmer le jeu.

Sous Septime Sévère (193-211), une nouveauté : on assimile les chrétiens à la pègre, au milieu. Mais, entre 211 et 249, l'Église connaît quarante années de paix, ce qui lui permet de s'intégrer. Certains empereurs, Sévère Alexandre (222-235), Philippe l'Ituréen (244-249), lui seraient même favorables. On trouve des chrétiens dans la haute fonction publique. À la faveur de cette accalmie, une impression trompeuse de sécurité, voire d'euphorie, se répand, qui inquiète les évêques. Il y a même du laisser-aller. Si bien que…

Sous Décius (249-251), le réveil est pénible. Cet empereur, un Illyrien énergique, tente de redresser la situation devant le péril barbare. Il a besoin de se sentir porté par un consensus, et protégé par le Ciel. En 250 sort un décret enjoignant à tous les ressortissants de l'Empire – Juifs exceptés – d'offrir un sacrifice aux dieux protecteurs de Rome. Au fond, en même temps qu'un geste de piété, c'était un test de loyalisme. Et pour l'Église, ce fut une belle humiliation, car contre toute attente, une grande majorité de fidèles s'empressa d'obéir, et donc de renier la foi. Ne jugeons pas : qui sommes-nous pour les juger ? Pis : Cyprien déplore dans le *De lapsis* que les chrétiens aient été souvent les premiers à faire la queue pour sacrifier et obtenir le papier. Seuls résistèrent quelques « confesseurs de la foi », mais hélas ! beaucoup d'entre eux se prévalurent de leur héroïsme (parfois dans le style résistant de la dernière heure) pour faire la pluie et le beau temps dans les églises locales et empoisonner l'existence des évêques. Il en sort même une hérésie : le donatisme. La période historique qui suit est désastreuse pour l'Empire, miné de partout, à l'intérieur comme à l'extérieur. Ce qui fait que :

Sous Valérien (253-259), d'abord tolérant, même schéma que sous Décius : en 257-259, le culte chrétien est interdit et les responsables sont contraints de sacrifier. Cette fois, il y a des victimes en grand nombre, dont Cyprien de Carthage.

Ensuite, c'est de nouveau la paix, pendant cinquante ans, et l'Église en profite pour conforter ses positions, et même pour carrément s'étaler. Il faut lire ce qu'écrit l'évêque Eusèbe de Césarée : ambitieux, jaloux, divisés entre eux, les chrétiens tiennent le haut du pavé et ne donnent pas précisément le bon exemple, si bien qu'aux yeux de l'évêque, la persécution de Dioclétien, dont nous allons parler, est bel et bien une punition divine, que les chrétiens n'ont pas volée.

Sous Dioclétien (284-304), l'Église connaît, en effet, la dernière, mais la plus implacable des traques. Devant l'état calamiteux de l'Empire, Dioclétien a entrepris une difficile reprise en main. S'associant à trois autres collègues, avec chacun une capitale, pour que l'Empire soit partout présent, Dioclétien entend faire de l'Empire une sorte de dictature théocratique, fondée sur les cultes traditionnels. Cela même condamnait les religions marginales. Déjà il avait poursuivi les manichéens, suspects de collaboration avec les Perses (on était en guerre contre eux). De février 303 à février 304, quatre édits furent promulgués partout dans l'Empire. Le christianisme était interdit ; les édifices, le mobilier du culte devaient être détruits ; les livres chrétiens devaient être déposés ; tout le monde devait sacrifier aux dieux. Les contrevenants seraient suppliciés ; les repentis amnistiés. La persécution dura neuf ans sans interruption, et fit cette fois des victimes par milliers. Elle s'acheva sur un édit de tolérance, pris par Galère, le successeur de Dioclétien, en 311. En fait, la persécution ne prit fin qu'en 312.

Il faudrait parler ici de ces malheureux – même si on les tient pour bienheureux –, de tout âge, de toute condition, hommes ou femmes, prêtres ou laïcs, qui pour ne rien trahir de leur foi, de leur espérance, de leur amour, ont subi des tourments, dont certains évoquent Oradour ou la rue Lauriston.

Alors, combien de morts au cours de ces trois siècles ? C'est bien difficile à dire. Pour des raisons de propagande, les historiens chrétiens ont gonflé le nombre des martyrs. Inversement, les modernes, qui comptabilisent les seuls morts figurant sur des documents administratifs, ont tendance à trop restreindre les chiffres. En fait, on ne saura jamais exactement. D'abord, les pièces officielles ont disparu pour la plupart et, de plus, ces procédures avaient un caractère expéditif, surtout à l'égard des chrétiens socialement modestes : rien n'étant enregistré, il n'y a pas de traces. Si, tout bien pesé, on peut chiffrer autour de cinq mille les victimes de la persécution de Dioclétien, de loin la plus dure parce que la plus systématique, ce macabre décompte ne vaut pas pour les périodes précédentes. C'est toujours trop, bien sûr, mais on est très en dessous des chiffres hallucinants des modernes génocides.

Au travers de tout cela, on commence à entrevoir ce qu'a pu être la vie de l'Église des premiers temps – l'Église « des catacombes », comme on dit. Pendant que nous y sommes, débarrassons-nous de ce cliché rétro. Profitez donc d'un voyage à Rome pour y aller voir. Vous me direz ce que les chrétiens seraient allés faire dans ce labyrinthe de couloirs humides, noirs, empuantis par les cadavres en train de se décomposer dans leurs niches pas forcément étanches. Du reste, se réfugier là-dedans, c'était se jeter dans la gueule du loup : les autorités connaissaient parfaitement l'emplacement de ces hypogées ; elles en avaient le plan, et même si la police respectait l'endroit comme lieu sacré à cause des morts, il suffisait de poster quelques bonshommes aux sorties pour cueillir les pauvres types qui se seraient laissé piéger bêtement là-dedans. On sait bien comment la légende est née. On a fait une ânerie avec trois vérités.

Première vérité : la clandestinité. Il est certain que les fidèles s'arrangeaient pour disparaître en cas d'alerte, mais il existait de meilleures caches !

Deuxième vérité : les mutuelles funéraires, les assurances-obsèques auxquelles les Romains, païens ou chrétiens, étaient pareillement attachés. Unis dans la vie, les chrétiens voulaient le rester dans la mort, et se ménageaient des cimetières bien à eux, gérés par des pompes funèbres chrétiennes.

Enfin, il y avait, troisième vérité, la pratique pieuse, qui s'imposa bien plus tard de célébrer la Cène, l'eucharistie, sur les reliques des martyrs. Voilà ce qui en est exactement. Cela dit, dans le quotidien, les chrétiens se comportaient comme tout le monde. Écoutez ce texte chrétien, anonyme, du IIIe siècle : « Les chrétiens ne se distinguent des autres ni par le pays, ni par la langue, ni par les habits. Ils n'ont pas de villes à eux ; ils n'usent pas de quelque dialecte à part ; leur façon de vivre n'a rien de singulier [...]. Ils se répartissent dans les cités grecques et barbares suivant le lot échu à chacun ; ils se conforment aux usages locaux pour la tenue, l'alimentation, la manière de vivre... » (*Épître à Diognète*, V, 1-10.). Voilà. Et la journée finie, ils rentraient chez eux, où il n'y avait pas de crucifix au mur, comme on voit au cinéma, pas plus que vous ne mettriez dans votre salle à manger un beau poster représentant une exécution capitale. On représentait Christ sous les traits d'un jeune homme portant une brebis sur son dos (les païens y voyaient l'Hermès criophore, et les chrétiens le Bon Pasteur...), ou on le symbolisait par le poisson (IESOUS CHRISTOS THEOU UIOS SÔTER). Christ n'apparaît en croix qu'à partir du VIe siècle. Si bien que les premiers chrétiens qu'on vous montre à genoux devant un crucifix sous Néron devaient être des visionnaires. Et d'abord, on ne priait pas à genoux, à l'époque, mais debout. Voilà pour le temps des persécutions.

Et après ? Une question nous reste : qu'est-ce qui a bien pu se produire pour que l'Empire passe au christianisme, à commencer par Constantin ? Quelle mouche l'a piqué de se faire chrétien ? Bien sûr, il y a la légende. Juste avant la bataille du pont Milvius, Constantin aurait vu en songe les initiales de Christ dans le ciel, avec le message : « *En toúto nika* » (sous ce signe tu vaincras). Là-dessus, il gagne la bataille, se convertit, et le monogramme de Christ devient le badge officiel de l'armée. Je souhaite rappeler que, deux ans avant, Constantin avait déjà eu une vision dans un temple gaulois : le dieu Apollon (donc le dieu Soleil), accompagné de la Victoire, lui offrait des couronnes de laurier (*Panégyriques latins*, VII.21). Un dieu peut en cacher un autre... Ce qui est sûr, c'est que le parti chrétien, de plus en plus influent après l'édit de tolérance, allait récupérer la victoire du pont Milvius sur le païen Maxence.

Alors, que se passa-t-il dans l'âme de Constantin ? Oh ! Rien de mystique, rien du style Chateaubriand,

« J'ai pleuré et j'ai cru », ou façon Paul Claudel à Notre-Dame : ce n'était pas son genre. Superstitieux, en revanche, c'est probable, religieux même, je pense, mais fruste. Comme ses ancêtres illyriens, c'était un adorateur de *Sol invictus*, du Soleil, symbole de la divinité suprême. Alors, pour une intelligence assez rustique, et qui n'avait guère de temps pour réfléchir, les fidèles de *Sol invictus* et ceux de Christus avaient comme un air de famille. Pour Constantin, le dieu suprême assisté du Soleil-roi, et le dieu-Père assisté de son fils Christus, cela se ressemblait beaucoup. D'autant plus qu'à l'époque, les chrétiens représentaient volontiers Christ sous les traits d'Apollon-Hélios conduisant son char ; leurs hymnes chantaient Christ lumière du monde, soleil de justice, etc.

Là-dessus se greffaient des préoccupations politiques. Dans un monde socialement divisé, où les paysans détestaient les propriétaires terriens et les fonctionnaires, où le prolétariat des villes haïssait tout ce qui avait un peu d'aisance, et où l'armée était honnie de tout le monde, le christianisme, qui prêchait l'amour universel, a pu apparaître à Constantin comme une force, la seule peut-être, capable de réaliser l'unité qui faisait défaut à l'Empire. Soit dit en passant, il se faisait bien des illusions, comme allaient le montrer peu après les grandes hérésies. Toujours est-il qu'il sympathisa avec le parti chrétien, mais tout en restant *Pontifex maximus*. Il subventionna grassement l'Église, lui fit toutes les fleurs qu'il put – et corrélativement les chrétiens montèrent en puissance. Polyeucte revenant sur terre aurait été promu au choix, avec prise en compte de son ancienneté. Jusqu'à l'idéologie impériale, selon laquelle le César est mandaté par les dieux, qui passa telle quelle dans le christianisme : les Césars seraient maintenant mandatés par le Père, le Fils et le Saint-Esprit. Les dieux passent ; la politique reste. Constantin se donna pour *épiskopos tôn ektôn*, « l'évêque du dehors » – avec, en prime, un œil sur le dedans. L'Église était riche, à présent, mais elle avait aliéné sa liberté. On y entrait en masse, en raison des avantages qu'on y trouvait, comme on prend aujourd'hui la carte du parti gagnant au lendemain des élections. Mais ça ne présentait pas que des avantages. Écoutez saint Jérôme : « Depuis les apôtres jusqu'à notre époque toute souillée, l'Église s'est développée, a grandi par les persécutions, a été couronnée du martyre ; et quand elle est venue aux empereurs chrétiens, sa puissance et sa richesse ont augmenté, mais ses vertus ont diminué. » Et Jérôme fournit à l'appui des exemples éclairants. Je n'en cite qu'un : une dame d'œuvres distribuant des dons à des pauvres qui font la queue. Une vieille pauvresse touche sa part et reprend la file pour avoir un peu de rabiot. Et la dame d'œuvres lui met un tel coup de poing que la pauvre vieille a la figure en compote. Peut-être est-il plus difficile d'être saint quand tout va bien ? Je ne me prononce pas. Constantin lui-même attendit l'heure de sa mort pour recevoir le baptême : on n'est jamais trop prudent. Ainsi filerait-il au ciel tout droit. Y retrouverait-il son fils Crispus César, qu'il avait fait exécuter ? sa femme Fausta, qu'on retrouva cuite dans l'étuve des bains ? Y reverrait-il tant de gens qu'il y avait prématurément expédiés ? Au ciel, Constantin y aurait été de toute façon, puisque les païens lui décernèrent les honneurs de l'apothéose. Païen ou chrétien, son avenir céleste était assuré. Quant aux chrétiens, bientôt majoritaires, ils allaient mettre le même acharnement à persécuter les derniers païens, la même violence, n'hésitant même pas, à l'occasion, à verser le sang innocent.

Voilà tout ce que je puis dire, d'où il ressort que les chrétiens n'étaient peut-être pas aussi bons qu'on l'a dit, ni les païens aussi mauvais. La réalité est sans doute plus complexe. Chacun mettait sous le terme de dieu des choses bien différentes, trop différentes, et à passer d'un camp à l'autre, ces choses, précisément, ne devenaient pas forcément plus claires, ni les hommes forcément meilleurs. L'avenir le montrerait bien. Mais cela, c'est une autre histoire, ou plutôt, c'est toujours la même histoire : celle d'une humanité pécheresse dont on rêve – dont on espère ? – qu'elle puisse un jour être sauvée d'elle-même.

IV

DIEU, CHEMIN FAISANT

Logos grec la parole
Verbum latin

Jésus et les paraboles

Juste quelques réflexions à propos de ce verset extrait de l'*Évangile selon saint Marc* (IV, 33) : « Jésus leur annonçait la Parole selon ce qu'ils *étaient capables de* comprendre » ; verbe *dunamai*, « être capable de faire ceci ou cela ». Et si j'insiste sur le verbe grec – que nous retrouverons plus loin –, ce n'est pas pour faire joli, mais pour cibler ce qui est en question ici : la capacité des gens à comprendre, leur aptitude à saisir, à assimiler. Bref, leur intelligence telle qu'elle est, et le moyen de s'y adapter en vue d'un résultat.

Toutefois, cette aptitude à comprendre n'est pas seulement une question de niveau intellectuel, comme nous serions tentés de le penser. Les auditeurs de Jésus n'étaient pas plus stupides que nous. Disons qu'ils l'étaient autrement… Ce dont il s'agit, c'est d'ouvrir les gens à ce que Jésus apporte – et qui « décoiffe »… Cette perméabilité est forcément conditionnée par le milieu, par l'instruction que ces gens-là ont reçue : « Il vous a été dit… » D'où l'effort d'adaptation auquel Jésus a consenti pour joindre ces hommes, ces femmes, dans leur tête, et autant que possible n'être pas compris de travers. « Il leur annonçait la Parole selon ce qu'ils étaient capables d'entendre. »

La Parole, le *logos* grec, le *Verbum* latin, la Parole de Dieu. Ainsi, Dieu qu'on ne saurait voir sans risquer la mort (Exode, XIX, 21-22) – manière de dire que Dieu est transcendance absolue, donc indicible –, Dieu parle. Le Père a envoyé tout exprès Jésus pour dire l'indicible à de braves gens comme vous et moi. À des gens qui par nature sont limités. Et de plus, pas forcément bien préparés, ni même bien disposés : il y a toujours des gens qui croient savoir, et même, qui sont sûrs d'être les seuls à savoir. Regardez les pharisiens : ils savent, eux, et ils savent qu'ils savent, et d'ailleurs, ils ne s'en cachent pas. Je disais que les auditeurs de Jésus n'étaient pas plus bêtes que nous ; ils n'étaient pas plus malins non plus.

D'où les trésors de pédagogie que Jésus dépense pour se mettre à leur portée, pour les instruire et les convaincre. Car il faut que cela débouche sur quelque chose, que cela change leur vie. Or ce ne sont pas des Grecs ni des Gaulois, ce sont des Juifs – et des Juifs de ce coin, de cette époque. Il lui faut donc choisir les mots, les images, qui atteignent ces Juifs-là. D'où alors ce que dit Marc (IV, 33) : « C'est *parabolais pollais*, par des paraboles nombreuses, qu'il leur présentait *ton logon*, la Parole, selon ce qu'ils étaient capables de comprendre. » Et d'un bout à l'autre de son enseignement,

Jésus choisit les images, les comparaisons qui disent quelque chose aux Juifs de ce coin-là, des images qui sont celles de leur vie de tous les jours : le semeur, le berger sérieux, la brebis perdue, l'ami casse-pieds qui vient vous dire à deux heures du matin : « Tu n'aurais pas du pain ? Là, j'ai du monde, et… » (Luc, XI, 5 et s.). Etc. Des comparaisons, il y en a dans les deux cents. Cela étant, « Que celui qui a des oreilles pour entendre, qu'il entende ! », dit Jésus (Matthieu, XIII, 8). Autrement dit : à vous de jouer, maintenant !

Alors, parfois, ça marche : « Bon, est-ce que vous avez compris ? demande Jésus. Et ils lui répondirent : Oh ! oui, Seigneur ! » (Matthieu, XIII, 51). D'autres fois, ça rate : « Ils ne comprenaient rien à ce qu'il disait » (Marc, IX, 32). Ou encore : « Et ils ne comprirent pas de quoi il s'agissait » (Jean, X, 6). Au point que parfois, Jésus en a un peu assez : « Jusques à quand devrai-je vous supporter ? » (Matthieu, XVII, 17).

D'ailleurs, pour le moment, Jésus n'en dira pas plus. Lors de la soirée des adieux, il prévient les disciples : « J'aurais encore plein de choses à vous dire, mais *ou dunasthe*, vous n'êtes pas en état de les assumer » – nous retrouvons notre verbe *dunamai* de tout à l'heure –, et il ajoute : « Quand viendra l'Esprit de vérité, c'est lui qui vous guidera vers la vérité plénière » (Jean, XVI, 12).

C'est précisément sous la mouvance de l'Esprit que les apôtres vont annoncer la Parole. C'est sous la mouvance de l'Esprit que les évangélistes la traduiront « en humain », si je puis dire ; qu'ils la mettront par écrit afin qu'elle demeure à travers les siècles. Ainsi, la grâce du Seigneur fera en sorte que ces images-là offrent à chacun de comprendre ce qu'il peut en fonction de ce qu'il est. On voit bien que les évangélistes ont le souci de s'adapter à leur public. Certes, comme Paul l'a dit et redit, par la grâce du Christ, il n'y a plus « ni Grecs, ni Juifs, ni barbares, etc. » (Épître aux Romains, II, aux Galates, III, 28, aux Colossiens, III, 11). Mais ce n'est pas pour autant que Juifs, Grecs, barbares changent de nature, de réflexes, d'habitudes. Et Paul le sait bien : « Les Juifs demandent des miracles et les Grecs de la sagesse » (1re épître aux Corinthiens, I, 22). D'où le souci qu'ont les évangélistes d'adapter le message de Christ aux uns et aux autres. Tout le monde connaît l'exemple de Matthieu et de Luc. Le premier s'adresse aux Juifs, et donc il va choisir des images qui parlent aux Juifs. Ainsi aux chapitres V à VII, il veut leur faire entendre que le Seigneur a décidé d'une nouvelle alliance. Jésus est donc le nouveau Moïse, et pour que ce soit bien clair, Matthieu situe l'annonce de la nouvelle loi dans le contexte du Sinaï. Dans Exode (XIX, 13), « Moïse gravit la montagne », et donc, en Matthieu (V, 1), « Jésus gravit la montagne », et c'est de là-haut qu'il énonce la loi nouvelle. Luc a évidemment les mêmes choses à dire, mais à des Grecs – il écrit d'ailleurs fort bien le grec –, et les Grecs n'ont rien à faire de ces histoires de montagne, pas plus que de l'ancienne loi. Donc Jésus s'installe « sur un endroit plat » (Luc, VI, 17) et s'abstient des allusions à l'ancienne loi.

On pourrait multiplier les exemples : tous montreraient que les évangélistes se mettent à la portée d'un public bien précis pour dire ce qui doit être compris des uns et des autres. « Il les enseignait selon ce qu'ils étaient à même de comprendre. »

Mais alors, me direz-vous, et nous ? Nous qui ne sommes ni grecs ni juifs, peut-être un peu barbares ? Nous qui ne sommes plus sous Tibère ou sous Domitien, au moment où cela a été écrit ? Eh bien, chers frères et sœurs, la grâce du Seigneur nous enseigne, à nous aussi, « selon ce que nous sommes en état de comprendre », comme il l'a fait pour tout le monde tout au long des siècles et en tout lieu. Et cette capacité-là, de comprendre ce que recèle – et révèle – la lettre des Écritures, cette réceptivité n'a évidemment pas le même caractère, la même nature, d'une civilisation à l'autre, et au cœur même de chaque civilisation, d'une époque à l'autre. Cela vaut pour les Juifs, les Grecs et les barbares de tous les temps. Prenons un exemple chez les païens. Dans l'*Iliade* et l'*Odyssée*, Homère parlait des dieux, et on était attaché à ces traditions. Mais, dès le VIe siècle avant notre ère, plus grand monde ne prenait au pied de la lettre les aventures des dieux et des déesses, certaines étant assez salées. C'est pourquoi Théagène de Rhégium inventa la lecture allégorique, qui était censée révéler, décrypter, le sens caché de toutes ces histoires, le sens profond. Au temps de Jésus, le Juif Philon d'Alexandrie va appliquer cela à la Bible, et de même l'apôtre Paul : « La lettre tue, c'est l'esprit qui donne vie. » (IIe épître aux Corinthiens, III, 6.) Et après lui Clément d'Alexandrie, Ambroise de Milan, grâce à qui le futur saint Augustin retrouvera la Bible.

C'est que, d'une époque à l'autre, l'esprit n'est pas le même. À tel moment, on est friand de merveilleux ; à tel autre, le merveilleux fait problème. Prenez le temps de lire les *Écrits apocryphes chrétiens* – deux tomes dans la « Bibliothèque de la Pléiade » –, et vous y verrez Jésus accomplir des miracles plus proches, hélas ! d'*Astérix* que des Évangiles canoniques. Quelques siècles plus tard, au Moyen Âge, *La Légende dorée* de Jacques de Voragine ne sera pas mal non plus, dans le genre. Ne soyons pas trop durs avec ces gens : à leur époque, c'est ainsi qu'on sentait les choses. Et l'on n'étonnait personne si l'on disait avoir eu une vision le matin même, ou entendu des voix. Toutes choses qui de nos jours susciteraient inquiétude, consternation ou franche hilarité. C'est qu'au travers des siècles, on ne voit pas les choses de la même façon. Le monde, la terre, les cieux ne sont pas tout à fait regardés sous le même angle dans la Rome de Domitien et dans le Paris de Philippe le Bel ou de Chirac. Ce qui va de soi à tel moment de l'histoire fait problème à tel autre moment, et ce qu'on lisait tranquillement au premier degré apparaît comme un message à décoder.

Alors ? – Alors, frères et sœurs, c'est en considérant tout cela que nous éprouvons le plus fort le besoin de la grâce du Seigneur devant le mystère ; le mystère qui toujours et partout et pour tout être humain restera le mystère. « Ô profondeur inépuisable de la sagesse et de la science de Dieu ! Qu'impénétrables sont ses desseins, et incompréhensibles ses voies ! » (Épître aux Romains, XI, 33).

Là est bien notre désarroi – celui du sourd-bègue de Marc (VII, 32 et s.) qui entendra Jésus dire : « Ouvre-toi ! » Et cela même nous dit que le mystère est aussi notre espérance.

Commentaires sur Calvin

Souffrez que je commence par vous dire ce que je ne dirai pas, et pourquoi. En effet, il y aurait tant de façons d'ouvrir cette commémoration du 500e anniversaire de la naissance de Jean Calvin ! On pourrait privilégier le côté *happy birthday*, tout centrer sur l'homme Jean Calvin, mais je ne suis pas sûr que cela lui aurait plu. Quand il parle de lui, c'est sans indulgence. Dans la préface à son *Commentaire des Psaumes*, il se dit d'un naturel « timide, mou et pusillanime » ; dans une lettre à un ami, il se trouve, en revanche, « violent et irritable ». Bref, il ne donne pas dans le narcissisme.

Il y aurait bien le classique « Jean Calvin, sa vie, son œuvre », mais à quoi bon répéter ce qu'on trouve dans tant de livres et d'encyclopédies ? On pourrait aussi focaliser sur l'Église telle que nous la lui devons, qui a libéré les chrétiens de servitudes qu'on plairait à énumérer. Mais, outre que je me risquerais là sur les terres des gens de théologie, cela pourrait inciter nos âmes pécheresses à s'approprier en toute bonne conscience la prière du pharisien en Luc, 18.11 : « Seigneur, je te rends grâces de ce que je ne suis pas comme le reste des hommes »... qui sont catholiques, luthériens, etc. Disons que nous pourrions être tentés.

Aussi est-il prudent que je m'en tienne à ce qu'essaie de faire un historien de la philosophie, autrement dit quelqu'un qui regarde penser les autres, qui essaie de comprendre ce qu'ils ont dit, pourquoi ils l'ont dit, et qui pour cela cherche à savoir ce qu'on pensait à l'époque. Car on ne pense pas dans l'abstrait ; on ne se meut pas dans l'absolu, même quand on se le figure. On pense en telle année de tel siècle, où les gens voient les choses de telle façon, du moins pour l'instant. Bref, on inscrit sa durée à soi dans la durée collective d'une époque, et donc à un moment précis de la durée humaine, dont l'évolution a commencé avec l'apparition de la conscience. Bref, on monte en marche dans l'histoire. Mais trop souvent, quand on se penche sur le passé, on le juge selon les idées, selon les critères du présent, comme si on détenait enfin la vraie façon de voir et la bonne façon de faire. On projette les prétendues lumières d'aujourd'hui sur les présumées ténèbres d'hier. Les penseurs du XVIIIe siècle sont très forts pour cela. Et que de fois on l'a fait à propos de Calvin, de ce qu'il a dû dire et faire – on pense à Michel Servet – dans un temps où la cruauté allait, hélas ! de soi. Alors essayons de voir comme s'était fait au cours des siècles ce monde dans lequel Jean Calvin devait inscrire sa vie, son intelligence, sa foi. Je laisse à d'autres le soin de vous en dire plus.

On n'a de chances d'apprécier l'originalité du message de Calvin en son temps que si l'on veut bien considérer que la parole de Dieu lui arrive après un périple de quatorze siècles, au cours desquels la tradition est passée par bien des mains. On en est à un moment d'une évolution qui a commencé dès le soir de l'Ascension, et qui se poursuivra jusqu'à la fin des temps. En Marc 4.33, il est dit que Jésus enseignait « selon ce que les gens pouvaient comprendre », c'est-à-dire avec les mots, les images, les idées qui avaient cours dans ce coin, à ce moment. Mais en Matthieu 28.19, Jésus dit aux apôtres : « Allez donc. De toutes les Nations faites des disciples. » Ce qui va entraîner des échanges en d'autres langues, où les mots qu'on traduira tant bien que mal n'auront pas tout à fait le même sens ; des contacts aussi avec d'autres cultures, où les réactions sont différentes. Voyez ce que dit Paul à propos du Christ crucifié : « Pour les Juifs, c'est un scandale ; pour les païens une folie » (1 Cor. 1.23). Ainsi, en se diffusant dans l'espace et le temps, la parole divine va susciter la ferveur de la foi, mais elle va aussi éveiller la curiosité de l'intelligence qui veut saisir, et alerter la rigueur de la raison qui veut tout encadrer. Et puis l'impact de la parole sur la société va attirer l'attention des pouvoirs. Autant de secteurs dans lesquels vont se manifester bien des réactions. Long parcours, secoué de turbulences, dont je puis juste évoquer quelques étapes, afin de mieux voir – ou moins mal – comment s'est élaboré le monde dans lequel Calvin devra inscrire sa vie et développer son action.

À l'aube du christianisme, c'est la Grèce qui détient dans l'Empire le monopole de la culture. « S'helléniser, c'est devenir soi-même », dit Paul Veyne. Si bien que la parole de Dieu, le *dabar* hébraïque, devient le *logos*, un terme qui a une hérédité, et qui tient grande place dans la pensée grecque. En latin, *dabar* devient *verbum*, aux sens multiples. Et quand des imprudents prétendront définir ce qu'il en est de la Trinité, ce sera en termes de *phusis,* d'*ousia* et d'*hupostaseis* qu'ils parleront, c'est-à-dire de *nature*, d'*essence*, de *personnes*. Des personnes que les uns disent égales, tandis que d'autres, les ariens, voient le Fils inférieur au Père. Dans un empire désormais chrétien, cela provoque des troubles. Constantin s'en inquiète pour l'unité politique et, du coup, il convoque en 325 le concile de Nicée, qui définira le dogme.

On le voit, depuis les Actes des Apôtres, le christianisme a évolué, et dans chacun des secteurs que j'évoquais. Premièrement, *la tradition*, la transmission de la parole divine : elle s'est intellectualisée. En des temps où le livre est rare et rares les gens sachant lire, elle est forcément devenue le monopole des clercs. Deuxième point, le rationnel ayant empiété sur le mystère, les *rapports de la foi et de la raison* virent au contentieux. Troisièmement, la convocation d'un concile par un empereur a posé un problème : *les rapports du temporel et du spirituel.* Ce sera donc sur chacun de ces trois plans qu'on observera tout au long de l'histoire une évolution. Sur le premier, la tradition, le monopole clérical va s'affirmer de façon souveraine : le magistère ecclésiastique, concentré dans la main de l'évêque de Rome, décide de tout. Sur le deuxième plan, les rapports de la raison et de la foi, on sait que de la chute de Rome jusqu'aux temps carolingiens, l'Occident a connu trois siècles de coma culturel. Par chance, les livres d'Augustin, sauvés par Possidius de Calama en pleine invasion vandale, aideront à maintenir dans les monastères une vie intellectuelle centrée sur la parole divine. Calvin sait ce qu'on doit à Augustin. Puis reviendra le goût de spéculer, du moins pour certains. Reprendra alors le duel de la raison et de la foi en vue de l'hégémonie. Autour de l'an mille, un Pierre Damien, dont un philosophe catholique, Maurice Nédoncelle, disait que « sa conception de la religion équivalait à une idée fixe », avait réduit la philosophie au rôle d'*ancilla theologiae*, de servante de la théologie. Mais trois siècles plus tard, Aristote est de retour sur le marché universitaire grâce aux Arabes, et c'est l'âge d'or de la scolastique. Tout s'explique désormais en termes de matière et de forme, d'essence et d'existence. La Cène devient un cas particulier des rapports de la substance et des accidents : pour la mieux rationaliser, on invente le terme de « transsubstantiation »... Et, bien sûr, on prouve rationnellement l'existence de Dieu. La servante est devenue maîtresse. Les escholiers vont discuter à perte de vue, et se suspecter les uns les autres d'hérésie. On comprend la réaction de Calvin : il a enduré la formation scolastique, mais n'en a jamais subi l'influence. « Spéculations inutiles », écrit-il aux frères Budé. Et dans ses *Commentaires*, il précise : « Elles servent à ostentation plutôt qu'elles n'aident à piété. » Il serait donc temps, selon lui, d'en finir, non pas, certes, avec la philosophie comme telle, à la façon de saint Pierre Damien, mais avec cet intellectualisme forcené, déplacé surtout, où la philosophie a fini par éclipser les Écritures. C'était déjà, onze siècles et demi plus tôt, la réaction d'Augustin, notamment à propos de la Trinité.

Quant à la troisième question, les rapports entre le spirituel et le temporel, disons qu'avec le temps, on en était tantôt à compter l'un sur l'autre, tantôt à s'affronter en vue de l'hégémonie. En témoigne l'interminable feuilleton des conflits et des armistices entre papes, rois et empereurs. Rappelons-nous : la théorie des deux glaives, la querelle du sacerdoce et de l'Empire, Canossa, Anagni, Jean XXII et Louis de Bavière, sans parler des couronnes qui s'empilent sur le couvre-chef de l'évêque de Rome. Alors que devant Pilate, Jésus avait clairement affirmé que « son royaume n'était pas de ce monde » (Jean, 18.16).

On en était donc là. Non que dans l'Église le besoin de réforme ait jamais été absent. Toujours latent, il s'était plus d'une fois manifesté au cours des siècles, du fait, notamment, des prétentions de la papauté, qu'elle siégeât à Rome ou en Avignon, de ses dysfonctionnements aussi, et des désordres plus ou moins scandaleux dans la cléricature. Réforme, donc. Mais – et là, je vais citer un théologien difficilement contestable : « L'inefficacité de la papauté et même des conciles à réformer l'Église était patente à la fin du XVe siècle » – donc bien peu avant la naissance de Jean Calvin. J'ai cité le très regretté père Congar, persécuté par le Saint-Office, puis fait cardinal *in extremis* par Jean-Paul II.

Il faut dire que bien des choses s'étaient passées au long de ce XVe siècle, et de toute sorte : la guerre de Cent Ans, les guerres civiles, le grand schisme, avec la prolifération des papes. Cent années qui s'achevaient avec le pontificat d'un Alexandre VI Borgia, avec sa petite famille si édifiante, avec le bûcher où rôtit l'héroïque mais fort obscurantiste Savonarole.

Mais durant ces temps, combien troublés, d'autres événements, et combien divers, s'étaient produits, qui allaient bouleverser, et durablement, les données de la vie intellectuelle et de la vie spirituelle. En perfectionnant vers 1450 les procédés artisanaux de l'imprimerie, Gutenberg venait de changer le statut social du livre. Les livres… Ils ne seraient plus ce qu'ils étaient jusqu'alors, « des vaisselles précieuses », dit Jacques Le Goff, que si peu pouvaient s'offrir. Ils vont devenir accessibles à plus de curieux. J'hésiterais toutefois à dire avec Victor Hugo qu'« avant l'imprimerie, la Réforme n'eût été qu'un schisme ». Et puis, la chute de Constantinople va faire se replier sur l'Occident des savants chrétiens apportant des manuscrits jusqu'alors inconnus ou mal connus, notamment de la Bible. D'autre part, on acquiert une meilleure connaissance des langues anciennes. On dira moins : « *Graecum est, non legitur* ». Plus de savants auront accès au contact direct avec les textes, et dans des versions plus proches des origines.

Et, bien sûr, le mouvement que nous disons « humaniste » va accroître son influence. Marsile Ficin, Pic de la Mirandole – son *De omni re scibili et quibusdam aliis* : vaste programme ! –, Reuchlin, Érasme : autant de noms qui vont renouveler l'ambiance intellectuelle, et ce ne sera pas sans conséquences sur la vision chrétienne du monde. En effet s'est accru le sentiment d'individualité, de vie intérieure personnelle, qu'ont éveillé ces auteurs et, de ce fait, la dimension personnelle de l'acte de foi va gagner peu à peu sur sa dimension collective, qui jusque-là était la seule pour beaucoup. Du message divin des Écritures, que savait-on, sinon ce qu'en répétait – et en imposait – la tradition ? La tradition que gens d'Église et fidèles tendaient d'ailleurs à confondre avec les idées reçues, avec les routines indéfiniment reconduites. Le *statu quo* a toujours un côté rassurant. Alors que c'est à chacun que la grâce du Seigneur s'offre ; à chacun en tant même qu'il est lui, qu'elle est elle, seuls à être soi dans le temps et dans l'éternité.

Ainsi, cette vulgarisation élargie des savoirs allait

permettre à plus de chrétiens de s'émanciper, du moins en partie, de la médiation, longtemps incontournable, de la cléricature. Tout s'était mis en place pour que se manifestent et se développent des initiatives comme celles de Martin Luther, de Jean Calvin.

M'en tenant, bien sûr, à Jean Calvin, je dirais qu'il est le type même de l'étudiant motivé dans un monde qu'il perçoit comme en mutation. Mais attention : il n'a rien du « soixante-huitard » qui détruit la société par jeu d'adolescent et qui en congédie les valeurs par idéologie, qui pense à sa place. C'est l'étudiant digne de ce nom, qui entend mettre à profit les moyens nouveaux que lui découvre le présent pour accéder à ce que le passé recèle d'éternité, afin qu'en profite le plus grand nombre dans l'avenir.

Selon le propos de l'humanisme, il a appris ce qu'il fallait de langues anciennes pour pouvoir accéder aux textes de l'Ancien et du Nouveau Testament, et en donner à l'occasion une exégèse précise. Il a également acquis une solide connaissance des Pères de l'Église, et tout particulièrement d'Augustin, son préféré. Des études récentes ont fait état de 1 700 citations d'Augustin dans ses œuvres, et même plus selon certains. De fait, il a bien dit que c'est en lisant Augustin qu'il avait pris conscience du rôle de la grâce divine, sur laquelle lui-même insistera tout au long de sa vie. Car Augustin ne s'était jamais fait à l'idée d'être aimé de Dieu à ce point, lui pécheur ; d'un

Dieu qu'il ne se consolait pas d'avoir aimé si tard : « *Sero te amavi...* »

Ainsi – et c'est là-dessus que je termine –, ce n'était pas une autre Église que voulait Calvin. C'était une Église qui retrouverait, écrit-il à Sadolet en 1539, « une profession de foi émondée de toute scorie, en sa pureté ». Quatre cent soixante-dix ans plus tard, à quoi aspirons-nous, sinon à la simplicité de Dieu ?

De la foi

Pourquoi croyez-vous en Dieu ? J'ai envie de vous répondre : parce que je ne peux vraiment pas faire autrement. Ce n'est pas faute d'avoir essayé. J'aurai aligné, surtout dans ma jeunesse, toutes les bonnes raisons que j'avais de n'y pas croire : ce monde qui serait si beau s'il n'évoquait par d'autres côtés le cauchemar d'un sadique ; le naufrage de la vieillesse, où ce qui reste d'esprit s'enfonce dans ce que le corps a de pire ; l'infinie vacherie – quel autre mot ? – des hommes, qui m'aurait plutôt fait croire au diable, n'était mon insensibilité à ces blagues à la Faust. Et ce n'est pas tout.

Puisque c'est mon métier, j'ai fouillé dans l'immense capharnaüm de la philosophie, un peu comme on cherche désespérément dans son garage la seule pièce, le seul outil dont on avait justement besoin. Oui, j'ai tout retourné, toutes les « preuves » de l'existence de Dieu : celle de saint Augustin, l'argument de saint Anselme, les cinq voies de saint Thomas, la preuve ontologique de Descartes, la théodicée de Leibniz, tout. Et je n'avais plus qu'à tout ranger, car rien ne m'allait. Superbes machines, j'en suis bien d'accord, mais qui ne marchent pas : Kant m'avait éveillé de bonne heure de mon sommeil dogmatique.

Si : cela prouve tout juste l'envie qu'on a d'une croyance qui tienne le coup rationnellement. Cela peut rassurer ; cela peut permettre de clouer le bec à monsieur Homais, à condition qu'il n'y regarde pas de trop près. Sans compter qu'un Dieu, dont l'existence arrive au bout d'une argumentation, a perdu en route le plus gros de sa transcendance... Et, du reste, je n'ai jamais vu l'intérêt de prouver l'*existence* de Dieu, dès lors qu'on ignore ce que peut bien vouloir dire le verbe *exister*, appliqué à Lui. Je puis m'en servir pour ce stylo, ce géranium, pour le chien, pour moi, pour telle entité mathématique, pour la cinquième symphonie de Widor, etc. Tout cela, je le *sais*, en ce sens que c'est à notre portée. Je n'ai pas à y *croire*, avec ce que ce verbe implique de saut dans l'inconnu. Mais Dieu ? Allez donc l'enfermer dans leur fichu concept d'*être*, dont nous n'avons d'expérience que relative aux choses de ce monde.

Cela, il n'y a que quelques philosophes à l'avoir compris : les platoniciens, Plotin, Proclus, et chez les chrétiens, le pseudo-Denys, Scot Érigène. Ils savent que Dieu est au-delà de l'Être, précisément. Et si je *crois* en Dieu, c'est parce que je ne le *sais* pas ; parce que je suis bien incapable de dire de Lui quoi que ce soit, si ce n'est qu'il est au-delà de toute forme d'existence, d'être, etc. Au-delà de tout. Point final.

Vous voyez : ma croyance en Dieu aura résisté à cette suite d'épreuves, à cette ordalie. Elle ne m'explique rien du monde – ce serait bien reposant ! –, mais ce que je puis dire, c'est que *le monde est encore plus obscur,* plus impénétrable à mes yeux *si j'essaie de me mettre dans la peau d'un athée.* Cela vire carrément à l'absurde ; cela grouille, là, sous mes yeux, pour rien. Sartre – le meilleur Sartre, celui de *La Nausée* – a bien vu cela. Je sais bien que l'athée en a autant à mon service : il voit sûrement des absurdités dans ma position, que moi je ne vois pas. Mais c'est à moi que vous posez la question…

Donc, je ne peux pas ne pas croire, et croire en un Dieu dont la seule chose que je connaisse est précisément qu'il est inconnaissable. On m'a déjà dit : « Mais alors, votre bon Dieu, à quoi vous sert-il ? – À rien, bien sûr. On ne se sert pas de Dieu : ce sont des mœurs de sauvages. – Mais alors ? – Alors, si je crois en ce Dieu dont je ne puis rien dire d'autre sinon qu'*il est au-delà* de tout et même *de l'être*, c'est parce que, depuis toujours, je *vois* littéralement, à tout instant, le monde procéder de cet Au-delà dont je n'ai pas l'idée et qu'il me faut bien désigner, comme tout le monde, par ce vocable de "Dieu" qui recouvre tant de choses disparates. Pour moi, l'existence des choses, de chacune des choses comme de leur ensemble, ne va pas de soi. Rien n'est "tout naturel" ; tout a toujours un drôle d'air. C'est comme une affirmation têtue, incessante, assourdissante, aveuglante, qui ne connaît d'autre pôle que le rien, le néant – encore une idée purement fabriquée, par commodité, comme le zéro. »

Voilà : les choses sont là ; elles s'imposent à chaque instant à ma conscience. Elles m'obligent à les reconnaître comme « mieux que rien » et « moins bien que tout » ; à les reconnaître comme procédant, finalement, de Lui.

Cette expérience-là est contemporaine de l'éveil de ma pensée. Je devais avoir cinq ans quand j'ai découvert, un après-midi, qu'il y avait beaucoup de choses, et que j'étais au milieu. Je ne disais pas de gros mots, à l'époque, sans quoi j'aurais dit : « Mais qu'est-ce que ça fout là ? Et qu'est-ce que je fous ici ? » Mais c'était ça, j'existais au milieu des choses, et je n'y comprenais rien. Je n'y comprends toujours rien, du reste. Je ne suis d'ailleurs pas le seul à vivre cette expérience : Jean-Paul Richter, Jean-Paul Sartre, Maritain, Lapicque, tous tellement différents philosophiquement, unis par cette seule foudroyante évidence. Elle m'aura empoisonné et illuminé l'existence tout du long. Un seul philosophe m'aura aidé à l'intégrer, à lui donner une cohérence : Plotin, qui vivait au IIIe siècle après Jésus-Christ. J'ai expliqué cela dans tel ou tel de mes bouquins. En gros, pour lui, tout procède de l'Un-Bien absolu, et y retourne incessamment. C'est du

Platon relu, mis en forme, élaboré. J'y ai trouvé le principe de ma paix comme, au IVe siècle, le futur saint Augustin y avait trouvé le commencement de sa conversion. Le bon Dieu a l'esprit libre, vous savez…

Justement, vous allez me dire : et la religion ? Le christianisme ? – Désolé : de ce point de vue, j'ai perdu la foi. Non pas dans le Dieu vers qui nous oriente le christianisme, mais (comment dire ?) dans la « chose-Dieu », l'« objet-Dieu » à quoi les dogmes l'ont réduit, à partir de tout un enchaînement, de toute une dialectique à quoi je ne puis adhérer. Je sais bien que, si Dieu veut se faire connaître, il lui faut bien parler la langue des hommes, autrement dit se révéler par des mythes, des fables parlantes, des images suggestives. Jusque-là, cela va. Mais, là où je ne suis plus, c'est quand on m'oblige à prendre les mythes au pied de la lettre, quand on veut absolument en faire un système rationnel, mis en formules. Là, je décroche. En effet, si je saisis bien la visée du mythe, je connais aussi la portée de la raison, sa spécificité. Les deux ne sont pas du même ordre. On le répète, mais on n'en tient pas compte. Cela dit, je suis heureux que des gens trouvent là leur bonheur, leur paix, leur joie.

À chacun son chemin ; il y a plus d'une demeure dans la maison du Père. Je voudrais même qu'il y eût davantage de croyants, dès lors qu'ils ne seraient pas fanatiques, bien sûr. Pour tout dire, je les envie même un peu… Et je voudrais finir sur un mot d'un chrétien incontestable (il est cardinal de l'Église romaine), que j'ai trouvé dans l'un de ses livres : « La foi est l'espérance dans l'amour » (Paul Poupard, *Le Pape*, p. 29). Je n'ai jamais trouvé mieux comme définition de la foi, et je la fais mienne, même si de cet Amour je ne sais dire le nom. Au reste, cette ignorance-là – « ce savoir non-sachant », *este saber no sabiendo*, dit Jean de la Croix – me comble.

Bienheureuse éternité, dont j'espère tout depuis que je n'en sais plus rien…

V

DE AMICITIA

Sur Aurelius Augustinus

Notre vocabulaire religieux le plus courant, nos manières de dire les plus familières – et cela depuis notre enfance – nous font désigner la Bible comme Parole de Dieu, et ainsi nous rencontrons la plus vénérable de nos traditions chrétiennes. Une tradition qui remonte bien en deçà de la Réforme, mais que la Réforme a eu l'immense mérite de relever alors qu'elle était en voie de se perdre, de relever et de placer au centre. Au centre de la prédication – que prêchons-nous, sinon la Parole ? Au centre des exercices du culte – que méditons-nous chaque dimanche, que chantons-nous, sinon la Parole ? Au centre de notre vie – que devons-nous faire pour servir Dieu comme il veut être servi, sinon nous conformer à la Parole ? « Ta Parole est une lampe à mes pieds, une lumière sur mon sentier. » Cette Parole, réaffirmons-le encore comme un acte de foi, cette Parole qui est la Parole de Dieu.

Et là, pour sincères, pour fervents même que nous soyons, là commencent les difficultés. Je sais bien qu'il existe des chrétiens pour qui tout va de soi – et cela je le dis, croyez-le bien, sans l'ombre d'un reproche – et l'homme que je suis, recru de travaux, d'études, de recherches, arrive à regarder avec une sorte de tendresse, mais aussi avec une pointe d'envie, vers ceux pour qui tout va de soi dans la foi, vers ceux pour qui il est naturel que Dieu – Dieu… – ait parlé, qu'il ait choisi de parler comme il l'a fait, dans un canton obscur du monde antique, de parler par ce livre fait de pièces et de morceaux, bourré de superpositions, de redites, et d'un style composite, tantôt sublime, tantôt simplet, tantôt franchement bizarre, que nous appelons la Bible.

Et là il faut avoir le courage de regarder la Bible telle qu'elle nous arrive. La Bible pleine de traits splendides, qui font honneur à l'humanité, et d'histoires pas tellement édifiantes, voire de sentiments parfaitement inadmissibles. La Bible où l'on magnifie des héros qui parfois ne valaient pas cher. La Bible pleine de tendresse humaine et d'appels au meurtre, où l'on rêve de saisir par les pieds les enfants d'Édom pour leur écraser la tête contre la pierre… La Bible pleine d'anthropomorphismes, où l'on voit Dieu se mettre en colère comme un émir, flanquer les gens à l'eau, les en retirer s'il le juge utile, respirer délicieusement la graisse brûlée des sacrifices… La Bible, ne tenant compte que d'une infime partie du monde antique, donnant à des histoires de Bédouins, à des guerres de tribus, une importance épique – alors qu'autour le reste du monde méditerranéen s'en fichait éperdument, si l'on en juge par l'absence d'échos de ces prétendus hauts faits dans l'histoire générale. La Bible, le livre d'une peuplade farouche qui se prétend la préférée de Dieu, la Bible Parole de Dieu… Mystère insondable de la foi !

Qu'on ne me dise pas que c'est là un problème moderne, soulevé par un intellectuel. Tenez : plongeons dans les temps anciens, vers les années 370 après Jésus-Christ, le temps de l'adolescence d'Augustin. Augustin, le jeune lettré, le boursier formé par les écoles de l'époque et promis aux plus hauts postes de la carrière universitaire – il sera rhéteur à Rome et à Milan, ville impériale –, avant que Dieu mette sur lui sa main et sa grâce. Voici Augustin en pleine crise intellectuelle et morale, travaillé soudain par le désir de s'instruire sur la religion de sa mère. L'envie le prend de regarder la Bible, de voir comment c'est fait. Le mieux serait que je lui laisse la parole : « Je résolus donc de me mettre à l'étude des Écritures saintes, histoire de voir ce que c'était… » Et plus loin : « Ce livre me parut incapable de soutenir la comparaison avec la majesté d'un Cicéron. » Il faut dire que pour cet étudiant, pour ce lettré, ce livre étrange, rustique, qui lui arrivait dans une langue bâtarde, calquée sur les hébraïsmes par des traducteurs très moyens, ce livre faisait choc… Je signale en passant qu'Augustin n'est pas un cas unique : d'autres grands noms – Jérôme, Arnobe, Lactance – nous ont laissé le récit de la même expérience. Aussi le jeune Augustin abandonne-t-il après ce premier contact, décevant. Et il se lance pour des années – pour neuf longues années ! – dans les élucubrations gnostiques des manichéens. Là, au moins, il allait trouver des théories et des élévations métaphysiques où le sublime, il faut le dire, le dispute à l'incongru, et même au grotesque. Dans sa fausse simplicité – un dieu du Bien, un dieu du Mal – le système a de quoi satisfaire un penseur de ce temps. Et Augustin s'en trouve, de fait, satisfait et même saturé. Il est en paix pour neuf ans, c'est-à-dire pas en paix du tout, car il mettra tout ce temps pour se rendre compte de la vanité prétentieuse et creuse de ces élucubrations pseudo-métaphysiques, qui avaient un si savant aspect et qui se tenaient si bien au premier regard. La simplicité du fond, la complication du détail : tout pour plaire à un intellectuel…

Cela pour appuyer ce que je disais tout à l'heure, à savoir que la Bible porte en elle une épreuve et que cette épreuve est d'autant plus lourde : d'une part, que le lecteur est plus cultivé (ou frotté de culture…), d'autre part, que l'on avance dans le temps des civilisations, car alors le décalage s'accuse, et sur tous les plans, entre les mentalités. Plus précisément, l'idée philosophique de Dieu – j'insiste : la représentation conceptuelle de Dieu qui a fini par s'imposer au cours des siècles – vient faire écran, vient s'interposer entre le Dieu de la Bible et nous. Et cela Pascal l'avait bien vu, il y a trois cents ans, Pascal qui, dans le fameux Mémorial cousu dans ses poches en souvenir d'une nuit de ferveur, avait écrit fiévreusement : « Dieu d'Abraham, Dieu d'Isaac, Dieu de Jacob, non des philosophes et des savants… Dieu de Jésus-Christ… » Lui, Pascal le savant, lui avait fait son choix, si j'ose dire. Mais nous ? Avons-nous fait notre choix ? N'y a-t-il point des parties de nous-mêmes, des secteurs de notre esprit qui ne sont pas encore tout à fait évangélisés ? Et ne pensons-nous pas, quelquefois, à la Bible comme à un monument plus très à la mode, qu'on peut, bien sûr, visiter, mais où l'on ne tient pas tellement à être surpris, où l'on ne tient pas tellement à être photographié… ? Dans nos milieux chrétiens, tout va bien : c'est un point de rencontre. Mais pour les gens du dehors ? Pour les collègues et amis incroyants ? Et peut-être la pensée nous vient-elle que la Bible est inadéquate à la grandeur incommensurable, à la pureté totale de ce Dieu dont on a aujourd'hui une « meilleure » idée…, une idée plus moderne, marquée par vingt et quelques siècles de controverses savantes, de controverses de philosophes et de savants… Certains – je ne dis pas tous – certains en viennent peut-être à regretter que la Bible ne soit pas à la hauteur de ce développement ultérieur de la conscience, et alors ils la lisent, cette Bible, vaguement gênés – ils la lisent parce que cela se fait, cela doit se faire. Je n'ose ajouter : et que, finalement, cela n'a pas une telle importance. L'important étant la bonne conscience…

Je sais bien – et je l'affirme avec force –, je sais bien qu'à mesure de notre avance dans le temps des civilisations, il y a tout un aspect de la Bible qui nous devient de plus en plus difficile à recevoir tel quel, pour ne pas dire impossible. Je sais bien qu'aux gens d'étude, la Bible impose un travail sévère d'exégèse, d'herméneutique – ou alors le livre leur tombera des mains, comme il a glissé des mains d'Augustin, des mains du jeune intellectuel qui, pour un temps, s'estimait au-dessus de cela… Cela ne valait pas Cicéron ! Oui, cela je le sais, et je puis ajouter que cette réaction s'enracine loin dans l'histoire… De même que s'enracine loin dans la tradition chrétienne le souci d'interpréter la Parole, d'interpréter la Bible dans le cadre des façons de penser de l'époque. Dès le temps de ces chrétiens d'autrefois qu'on appelle les Pères de l'Église, que faisait-on ? On prenait le texte de la Bible et, faute de pouvoir – je dirai – l'avaler tel quel, on en dégageait un enseignement allégorique… Il faut voir ce qu'Augustin tire de l'épisode du paralytique de Bethesda et du fait qu'il avait trente-huit ans… La méthode, d'ailleurs, n'était pas neuve, puisqu'elle remonte à Théagène de Rhégium, six siècles avant Jésus-Christ, Théagène, qui s'escrimait à trouver un sens convenable aux choquantes horreurs qu'Homère prêtait si gentiment et si naturellement aux dieux de l'Olympe dans l'*Iliade* et l'*Odyssée*… Les gens de l'époque (déjà…) ne pouvant plus « avaler » tel quel ce qui était raconté des dieux, il fallait bien, pour sauver les mythes d'Homère, trouver quelque sens acceptable. D'où l'allégorisme, tournure d'esprit qui a hanté le monde antique et tenté jusqu'aux chrétiens, et non les moindres...

Aujourd'hui – et je ne m'étendrai pas là-dessus –, on a d'autres méthodes, et le texte tel qu'il est s'éclaire peu à peu, sans devenir jamais tout à fait limpide. Mais du moins on commence à comprendre ce qu'il voulait dire, ce que Dieu disait aux gens de ces temps révolus et la manière dont il s'y prenait. Et, partant de là, on peut, sans courir de hasards, tirer des indications prudentes sur ce que Dieu continue de dire à ces gens – totalement différents – que nous sommes aujourd'hui. C'est un progrès et une grâce de Dieu.

Maintenant, je reviens sur cette tentation... Je veux parler de ce sentiment que peut-être nous avons que, pour évoquer Dieu en sa souveraine hauteur et pureté, le symbolisme biblique est trop lourd, trop terre à terre, enfantin, quasi infantile.

Cette tentation n'est pas toute mauvaise, car enfin elle nous éloigne de prendre au pied de la lettre, sans travail aucun, les images littéraires de la Bible et de transporter tout cela, tel quel, à travers les siècles en le dotant d'une portée dogmatique, voire scientifique. Ce fut, hélas ! la position catholique romaine pendant tout ce triste XIXe siècle, où les seigneurs cardinaux répondaient du haut de leur colline vaticane aux philosophes et aux savants, et répondaient de préférence à côté.

Remontez dans le temps et vous aurez, de bourde en bourde, l'affaire Galilée. C'était par trop stupide, et nos frères de l'Église de Rome ont, me semble-t-il, fini – mais au prix de quelles persécutions ! – sinon par congédier, du moins par laisser mourir ces tutelles et ces tuteurs malavisés. Et on ne m'ôtera pas de l'idée que l'influence des Églises de la Réforme et le goût de la liberté de recherche qu'on y trouvait y ont été pour quelque chose.

Mais faut-il consentir si vite à l'autre aspect de la tentation, qui regarderait le symbolisme biblique comme trop lourd pour signifier Dieu tel qu'en Lui-même ? Soyez assurés que, là encore, le problème n'est pas neuf. Et qu'au VIe siècle après Jésus-Christ, alors que s'achève l'Antiquité, un anonyme, un pseudépigraphe de génie, a proposé une réponse. Je veux parler de ce chrétien inconnu, un Syrien sans doute, qui, souhaitant assurer à ses écrits une audience apostolique, avait choisi de les diffuser tout simplement sous le nom de Denys, le converti de Paul après le discours sur l'aréopage d'Athènes, au chapitre XVII des Actes. De ses leçons il ressort que, loin d'être le meilleur, loin d'être le plus convenable, un symbolisme trop éthéré, trop sublime, trop raffiné, est en fait le plus dangereux, car il fait courir le risque de retenir l'âme dans le bonheur d'une représentation trop réussie et ainsi de croire, comme on dit, que « c'est arrivé ». De laisser croire à l'âme qu'elle est arrivée et qu'elle n'a plus à chercher. Qu'elle tient

Dieu, alors qu'elle ne tient que de riches formules, qu'elle ne tient que des mots, des mots, des mots... Et le pseudo-Denys se félicite que « les saints théologiens », comme il dit (entendez : les auteurs bibliques), aient, dans leur sagesse, usé de métaphores triviales, de façons de dire grossières. Ainsi du moins l'âme saisit d'un coup que ce n'est pas là qu'il faut s'arrêter. Nous sommes tout de suite arrachés au confort intellectuel, à la joie suspecte des Idées trop sublimes pour qu'on les voie courtes, désespérément courtes. Nous voyons qu'il faut aller plus avant dans notre recherche du Dieu qui est au-delà de toute métaphore, au-delà de toute image, ressemblante ou pas, et finalement au-delà de tout. Bref, pour signifier Dieu, tous les symbolismes sont inadéquats, insuffisants, indispensables et périlleux ; et les plus élevés sont peut-être les plus dangereux. Enseignement profond dont nous serions bien avisés, quatorze siècles plus tard, de faire notre profit.

Je voudrais terminer par quelques mots d'Augustin, d'un Augustin mûri, devenu évêque d'Hippone et réfléchissant sur l'aventure biblique de sa jeunesse, sur ce rendez-vous manqué avec le Dieu qu'il devait chérir le reste de ses jours, déplorant seulement de l'avoir aimé trop tard. Voici comment il apprécie son attitude d'alors : « Mon orgueil dédaignait la simplicité de ce livre ; ma vue n'en pénétrait point les profondeurs. Il était fait cependant, ce livre, pour grandir en même temps que les petits, mais je dédaignais d'être petit et je prenais l'enflure de ma vanité pour de la vraie grandeur… »

Sur un pareil sujet, quoi dire de plus, sinon : Amen !

Sur Vladimir Jankélévitch

Une chose à dire ; une vie pour le dire. De son maître, Jankélévitch écrivait : « C'est le bergsonisme tout entier qui figure, et chaque fois sous un éclairage nouveau, dans les livres successifs du philosophe, comme ce sont toutes les hypostases, dans l'émanatisme de Plotin, qui figurent en chaque hypostase[1]. » Néobergsonien comme on dit néoplatonicien, Jankélévitch réalise la condition du philosophe définie par Bergson, et son œuvre, comme celle du maître, la manifeste du début à la fin. Sa philosophie de l'instant et de l'intervalle, qui procède de Bergson et, en deçà, de Plotin, son intuition originale de l'ipséité, apparition fugace dans le temps d'une vérité éternelle à deux pattes, et qui mourra[2], d'un absolu

1. Vladimir Jankélévitch, *Henri Bergson*, Paris, PUF, 1959, p. 2.

2. Vladimir Jankélévitch, *La Mort*, Paris, Flammarion, 1966, p. 387.

d'unicité[1] impossible à réduire, mais si bonne à aimer –, cette intuition d'un semelfactif[2], de ce qui n'aura jamais lieu qu'une très seule fois, voilà ce que Jankélévitch aura dit et redit, et de façon toujours neuve, depuis *La Mauvaise Conscience* de 1933 jusqu'à *L'Irréversible et la Nostalgie* de 1974, soit pendant quarante et un ans.

Que Jankélévitch traite de l'ipséité à quoi seul s'accorde l'élan de l'amour dans sa pure mais instable gratuité, ou qu'il s'attache à l'inconnaissable instant de la mort, qui tout anéantit de l'ipséité, hormis le fait ineffaçable d'avoir été, ou qu'il revienne sur l'ipséité advenant dans le temps, et donc seulement pour un temps – mais procédant de quelle éternité ? –, bref, que Jankélévitch parle d'amour, de mort ou de philosophie première, ce sont chaque fois les mêmes « mots sans domicile[3] », les mêmes images congédiant toute idée d'installation, les mêmes locutions à l'extrême pointe du langage. Et cet apophatisme mené sur un rythme endiablé nous laisse, en gage d'espérance, la résignation joyeuse à ne rien trouver, ni les mots ni les images, ni les métaphores pour dire le reste, qui est indicible

1. Vladimir Jankélévitch, *L'Alternative*, Paris, Alcan, 1938, p. 24 ; *La Mauvaise Conscience*, Paris, PUF, 1951, p. 87.

2. Vladimir Jankélévitch, *L'Aventure, l'Ennui, le Sérieux*, Paris, Aubier-Montaigne, 1963, p. 176 ; *La Mort*, *op. cit.*, p. 418.

3. Vladimir Jankélévitch et Béatrice Berlowitz, *Quelque part dans l'inachevé*, Paris, Gallimard, 1978, p. 266.

parce que absolument simple. Comme chez Plotin quand il s'agit de l'Un : *haplos*. Dieu dit à Pascal : « Tu ne me chercherais pas si tu ne m'avais déjà trouvé. » Aurions-nous – et qu'aurions-nous – trouvé, nous dit Jankélévitch, si de cela nous savions bavarder, papoter, dire quelque chose, incapables que nous sommes de « concevoir autre chose que des choses » ? (*La Mort*, p. 417). Il est déjà bien beau qu'il nous soit donné d'entrevoir : « Ta récompense sera trop grande », dit Dieu à Abraham (Genèse, XV, 1).

Sans doute est-ce à l'amour, et sous toutes ses formes, qu'échoit la grâce de percevoir l'ipséité, unique dans l'histoire entière du monde, et qui déjoue les enquêtes, échappe aux examens approfondis des philosophes et des savants, à la thésaurisation des savoirs acquis. On n'aime pas sur dossier. On aime parce que ici, maintenant, chez des amis à Bécon-les-Bruyères, ou dans un berceau de maternité où il dort, apparaît un être dans son absolue unicité : *hapax*[1]. De passage en ce monde, juste pour un temps : épiphanie joyeuse et tragique de l'excès. Qui a une fois accédé à cette révélation – et qui le plus souvent serait bien en peine de la mettre en concepts –, celui-là en sait plus que personne sur l'aimé, même s'il n'en sait pas plus long, et du même coup sur soi, se découvrant une générosité dont il n'avait jusque-

1. *Traité des vertus*, Paris, 2e éd., Bordas, 1970, II, p. 893 ; *Le Pardon*, Paris, Aubier-Montaigne, 1967, pp. 59, 117.

là pas l'idée. Car dans ce « moment férié[1] », où il est « plus qu'heureux », où il sauterait au cou du premier venu, il n'aime pas l'autre comme le chat l'oiseau ; il le veut heureux, comme cela, gratuitement, parce que c'est lui. Et il ne se mire pas dans l'autre, comme Narcisse[2] vautré au bord de sa piscine. Pas davantage il ne s'enchante, comme le jeune Augustin, de se sentir aimant – « j'aimais aimer » (*Confessions*, III, 1-2) – ni ne se délecte de son propre ego à travers une biographie d'emprunt, comme Proust avec Albertine. Non, rien de tout cela. Pas encore. Pour le moment, c'est par manière d'entrevision qu'il a perçu cet absolu d'unicité. Instant plus riche qu'un siècle, où il s'enchante de vouloir offrir, comme cela, contre rien[3], tout ce qu'il a et tout ce qu'il est, et jusqu'à, s'il le fallait, son propre effacement pour que l'autre soit. L'amour « se porte vers l'autre spontanément, se perd en l'autre extatiquement, s'oublie lui-même miraculeusement » (*L'Irréversible*, p. 197). Oui, pour l'instant. Non point, comme cela se chante, que l'amour ne dure qu'un moment. Ce serait plutôt le contraire : c'est parce que l'amour dure, parce qu'il s'épand dans la durée, que l'hégémonie de l'ego est déjà

1. *Philosophie première*, Paris, PUF, 1954, p. 244.
2. *Le Je-ne-sais-quoi et le Presque-rien*, Paris, PUF, 1957, p. 240.
3. *L'Irréversible et la Nostalgie*, Paris, Flammarion, 1974, p. 200.

à l'ouvrage (*L'Alternative*, pp. 70, 58), que toute cette grâce s'amortit dans la pesanteur des égoïsmes qui, eux, vont prendre tout leur temps. Et tout cela fera des séducteurs, des amants voraces et puis volages, ou simplement habitués, et des mères abusives autant qu'abusées – et toutes gens à propos de qui chacun pourrait s'entendre dire : « C'est de toi qu'il s'agit. » Telle est la condition de l'ipséité : quand un absolu rencontre un autre absolu, ils ne se racontent pas des histoires d'absolus. Parce qu'ils se rencontrent dans « l'intermédiarité médiocrisante de la vie » (*La Mauvaise Conscience*, p. 84), comme dit Jankélévitch, ils se racontent des histoires de convenances personnelles et de torts réciproques. Précisément, parce qu'il dure, l'amour serait à réinventer à chaque instant dans son élan premier. Veillez, soyez à l'affût de l'instant – « Sache le moment » – qui ne sera plus le même, de l'instant où l'autre surgira entre deux éternités (*L'Irréversible*, p. 201). Cette chance vous est offerte, « ne manquez pas, dit Jankélévitch, votre unique matinée de printemps » (*La Mauvaise Conscience*, pp. 89-90).

C'est pourquoi si tragique est la mort. Elle est, dira Jankélévitch, « tragédie absolue » (*La Mort*, p. 6). Il ne faut pas longtemps pour faire un mort : un rien de temps. Il n'y faut pas grand-chose non plus, presque rien : une lampée de ciguë, et plus de Socrate. Et ce pur fait de l'ipséité unique, qui enchantait Alcibiade et Phédon et Platon et les autres, s'annihile, un soir comme un autre, dans une prison d'Athènes, suite à un procès intenté par des idiots sur un motif absurde, et c'en est fini de l'ami. « Le miracle ne se renouvellera plus » (*La Mauvaise Conscience*, p. 87). *Hapax.* « Une vérité éternelle-mortelle » (*La Mort*, p. 420) vient de partir, et il n'y en avait pas deux comme elle, et cela vaut pour tous ces petits absolus dans les yeux de qui se reflétait pour un temps l'immensité du monde, et dont un amour, peut-être – « un amour éternel en un moment conçu... » –, avait su entrevoir, seulement entrevoir, l'unicité. Comme l'instant de l'amour, l'instant de la mort de l'autre rend lucides ceux qui restent sur le mystère de l'unique ipséité. Mais retombant lui aussi dans la durée, il s'y étire, y concocte ses discours qui escamotent, y engendre des drôles de paradis, comme si un paradis pouvait être « autre chose que perdu » (*La Mort*, p. 115). Le *Phédon*, déjà, ne s'avançait-il pas beaucoup ? À vues humaines – mais de quelles vues, s'il vous plaît, disposerions-nous ? –, c'est le fait d'avoir été qui est notre unique chance d'éternité. Cela, au moins, nul ne l'abolira, car c'est « un fait éternel » (*La Mort*, p. 315). Jankélévitch y est souvent revenu. On voudrait demander : éternel, mais au regard de qui ? De la suite des hommes avant que ne s'en éteigne l'espèce et qu'avec la fin de la pensée retombe le silence éternel des espaces infinis, qui n'aura plus personne à effrayer ? À moins qu'il ne soit permis, le temps d'un espoir, d'entrevoir, maintenant, la face cachée de l'Absolu d'où procéderaient ces myriades d'absolus ? d'entrevoir l'éternité d'où émaneraient nos éternités éphémères ?

Ainsi, l'expérience de l'amour et l'imminence de la mort nous auront ouvert à l'entrevision de l'autre et de soi-même comme ipséité, c'est-à-dire comme absolu d'unicité : *hapax*. Or, pour qui s'en avise – mais là, combien s'en avisent[1] ? –, c'est comme si ces deux intuitions, de l'amour et de la mort, induisaient l'une et l'autre une entrevision simultanée, et qui serait donnée par surcroît. L'émerveillement extatique de l'amour devant un sujet dans son unicité ; la tragique certitude de ce qu'a d'éphémère cette unicité, ces deux intuitions de l'absolu n'incluraient-elles pas – mais de quelle façon indicible ! – l'entrevision d'un « Sujet des sujets » (*Philosophie première*, p. 151) posant chaque ipséité comme *hapax*, dans un acte qui ne prendra consistance dans la durée qu'une très seule petite fois ? Bref, l'absolu-relatif de l'ipséité éternelle-mortelle ne réfère-t-il pas, comme en un redoublement de l'entrevision, à l'Absolument-absolu, à l'Absolu lui-même, « *ipse ipsissimus* », d'où il procéderait incessamment, là, mais sous des yeux accommodés à la seule durée ? Là-dessus, Jankélévitch est suffisamment et explicite-

1. « Pour la plupart des hommes, on peut même dire que l'heure de la philosophie première ne sonne jamais », *Philosophie première*, *op. cit.*, p. 103.

ment revenu[1] pour que chacun y trouve de quoi poursuivre sa propre méditation, chacun dans son propre silence.

Car cette entrevision serait alors plus apophatique encore s'il se pouvait, puisque de cela qui se laisserait entrevoir comme le foyer d'une entrevision seconde, on ne saurait parler – s'il fallait en parler – qu'en termes d'« Absolument autre » (*Traité des vertus*, II, p. 904), et personne n'en saurait donner l'idée à personne. En dirions-nous plus long sur l'au-delà de tout et même de l'être – en dirions-nous plus long sur ce qu'il faut bien appeler Dieu – que nous n'en savions dire sur l'amour et sur l'instant de la mort ? « Quel

1. Je me contenterai de citer ce seul passage du *Je-ne-sais-quoi* : « C'est par la grâce héroïque que nous crevons de loin en loin le plafond de l'alternative ; l'amour aigu réussit par instants sa percée métempirique à travers la croûte d'impure et mauvaise conscience qui nous retient dans notre condition moyenne de créatures amphibies [...]. Fine suprême pointe qui nous permet d'accéder au tout-autre-ordre, et puis d'effleurer, d'une tangence impalpable, l'Absolument-autre », *Traité des vertus*, *op. cit.*, II, pp. 904-905. « Notre nature surnaturelle – que ce soit altruisme ou liberté – est donc égoïste ou déterminée par son large fondement psychologique, par sa base descriptible, par tout ce qui en elle se continue et s'éprouve, mais elle est métempirique par son *acumen* ponctuel. La volonté de vouloir n'est "vécue" que dans l'éclair instantané d'une expérience métaphysique, c'est-à-dire d'une entrevision », *Le Je-ne-sais-quoi*, *op. cit.*, p. 246. Cf. *Philosophie première*, *op. cit.*, p. 159.

discours est possible, dit Plotin, lorsqu'il s'agit de l'absolument simple ? » (*Ennéades*, V, 3, 17.) Car l'au-delà de tout est simple, la simplicité même. Ainsi, lisant et relisant, il y a de cela bien des années, *Philosophie première*, j'y retrouvais ce qui chez Plotin m'avait conquis pour toujours autour de mes vingt ans. Mais si les mythes, ici, et les croyances prenaient la relève des concepts, avec leur charge immémoriale de perspicacité et d'espérance ? À condition, bien sûr, de ne les pas chosifier, de ne les point couler dans le ciment gris des ontologies, de ne les point fixer dans la dorure inaltérable des dogmes. À qui cherche désespérément les raisons de nos présences en ce monde, Jankélévitch remet en mémoire la suggestion du *Timée* (29 e, 29 a) : « C'est parce qu'il était bon, *agathos hèn* », ou encore la définition qui se moque des définitions, « *O theos agapè estin*, Dieu est amour », selon l'apôtre Jean (Jean, IV, 7). Entreverrait-on la source de l'ipséité que seul découvre l'amour ? L'entreverrait-on procédant d'un amour au-delà de tout amour ? Allez savoir ! Car si l'âme, soudain, *exaiphnès*, a entrevu quelque chose, « c'est, dit Plotin, sans avoir su comment » (*Ennéades*, VI, 7, 36). Puis, « la fleur se fane », le temps reprend son cours, qui étire l'extatique entrevision en bavardages onto-théologiques, offrant sur catalogue toutes les vérités de l'Être suprême, avec ou sans horlogerie incorporée.

« Je ne sais pas, dit Bergson que cite Jankélévitch dans l'inoubliable finale de *La Mort*, je ne sais pas, mais je devine parfois que je vais avoir su… »

Sur Paul Poupard

Il y aurait plus d'un angle sous lequel aborder l'une des personnalités les plus prestigieuses – et les plus efficaces – du Saint-Siège. À Rome, ce serait le prince de l'Église, le cardinal Paul Poupard, du titre de Sainte-Praxède, cette église aux mosaïques admirables sise sur l'Esquilin, où l'ont précédé six papes, président du Conseil pontifical pour la Culture, du Conseil pontifical pour le dialogue avec les non-croyants, et membre de plusieurs dicastères, dont le Conseil pontifical pour le dialogue interreligieux. En France, ce serait l'universitaire, docteur en histoire à la Sorbonne, docteur en théologie, diplômé de l'École des hautes études, recteur émérite de l'Institut catholique de Paris, docteur *honoris causa* d'au moins cinq universités étrangères. Mais c'est à travers son œuvre d'historien, et donc à travers ses propres centres d'intérêt, que je me propose de vous le faire connaître. Les recherches de Paul Poupard sur le XIXe siècle, sur le dossier Galilée, sur l'histoire des religions, donnent la mesure d'un esprit, et définissent le style d'une des figures marquantes de ce siècle.

« Ce stupide XIXe siècle… », écrivait Balzac à Mme Hanska – et ailleurs : « Les morts de la République, les mourants de l'Empire, les squelettes de la Restauration voltigent parmi nous, les uns comme des épouvantails politiques, les autres comme des drapeaux mutilés qu'on suspend dans les temples, et les derniers restent sous verre, comme des curiosités d'histoire naturelle[1]… » De fait, peu d'époques auront offert autant d'occasions de remettre en question ses certitudes, sinon l'idée même de certitude. Les séquelles de la Révolution ont tourné à la guerre civile chronique ; les « guerres, épopées », etc., se sont achevées avec le congrès de Vienne, l'Occupation, et la note à payer. Après défila une suite de régimes aux principes opposés, sinon contradictoires. Napoléon n'était plus, mais il ranimerait plus d'une flamme dans le cœur des « héros au sourire si doux ». Louis XVIII, artisan appliqué d'une restauration sans gloire, s'était éteint soucieux des lendemains. Et de fait, sur une sottise de trop s'en fut Charles X. « Charles le simple », chantait Béranger, Charles le décalé plutôt, tant son règne sentait la reconstitution historique. Il faut voir, à Reims, au

1. Balzac, *Lettres à l'étrangère*, 15 nov. 1838, et *Complaintes satiriques sur les mœurs du temps présent*, L. Conard, 1956, I, p. 128.

palais du Tau, embaumé dans son antimite, le surréaliste manteau de velours hyacinthe, d'or et d'hermine, dont il s'affubla le jour de son sacre. Là-dessus, un quarteron de députés proclama – M. Thiers *dixit* – « un prince dévoué à la Révolution », et censément « par la grâce de Dieu et la volonté nationale » s'installa Louis-Philippe, roi des Français. Son père avait bien dépêché à la guillotine Louis XVI son cousin, mais la caution ne suffisait pas : on souffrait d'une république rentrée. Dix-huit ans de règne en porte-à-faux, et le roi-citoyen faisait place à la IIe République, une, indivisible et mangée de contradictions. En attendant un second Empire, et une IIIe République. Rien ne durait, sauf les rancœurs.

On ne resta donc jamais à court de conversations dans les cabinets de lecture, autour des gazettes, du moins quand la censure permettait une évasion hors de l'histoire officielle. Les émigrés étaient de retour, cohabitaient avec les nostalgiques de la Terreur ou du soleil d'Austerlitz. La grande industrie se développait sans pitié, bourgeoisie et prolétariat s'observaient sans sympathie. Et les deux peuples dont la France, désormais, serait faite choisissaient dans cette histoire de quoi se faire chacun son passé et son futur. Les y aidaient les idéologues des deux bords, et cela allait du conservatisme de droit divin au paradis sur terre pour le lendemain du Grand Soir. En un demi-siècle, cela faisait beaucoup de changements.

Rien de surprenant, donc, si dans le milieu de nos années cinquante, un jeune prêtre angevin, né en 1930, fort brillant et destiné aux études universitaires, s'éprit de ce siècle en éruption. Il y trouva matière à un double doctorat, ainsi qu'au diplôme de l'École des hautes études, sous la direction de Jean Orcibal, à l'érudition légendaire. Ce qu'allait apporter Paul Poupard, c'était d'abord quantité d'informations inédites sur les structures, l'administration, la vie intellectuelle de l'Église de France au XIXe siècle, indissociable de tant de bouleversements politiques et sociaux. En effet, à ce que Poupard avait recueilli, comme attaché au CNRS, dans de multiples fonds d'archives, publiques et privées, allaient s'ajouter d'autres trouvailles, extraites des archives secrètes du Vatican. Car le jeune abbé s'était vu confier, à vingt-neuf ans, des responsabilités à la Secrétairerie d'État du Saint-Siège, sous Jean XXIII, puis Paul VI. Mais en plus de ce gisement de documentation, ce que révélait le bientôt *monsignor* Poupard, c'étaient des vues neuves sur l'esprit du temps à l'âge du romantisme ; c'étaient des échappées inattendues sur l'ambiance philosophique, saisie à travers les consciences qui s'y agitaient à la recherche d'une doctrine. Le microcosme ecclésial, sous la monarchie de Juillet et dans la Rome de Grégoire XVI, le monde universitaire au temps de Victor Cousin, tout cela pris sur le vif – j'allais dire : pris sur le fait – allait permettre à plus d'un chercheur d'enrichir ses propres travaux, et souvent d'en infléchir le cours.

Il faut bien dire que, depuis 1789, l'Église de France était, de gré ou de force, étroitement impliquée dans la marche du siècle. Scindée, martyrisée sous la Révolution, utilisée et bafouée sous l'Empire, elle avait retrouvé quelque arrogance sous la Restauration, sous Charles X notamment, dont elle avait béni l'entêtement de droit divin : « La main du Tout-Puissant est avec vous, Sire ! » s'écriait en chaire l'archevêque de Paris, Mgr de Quélen. En quoi il s'avançait beaucoup, puisque le roi était à tout juste trois semaines de choir. C'est dire que sous la monarchie de Juillet, l'Église va se retrouver dans une position délicate. Louis-Philippe, le roi pas « très chrétien », n'aimait point qu'on l'inspirât d'En-haut ; l'alliance du trône et de l'autel hérissait le bourgeois libre-penseur autant que l'ouvrier socialiste. Et puis, quarante années de troubles avaient sinistré la formation d'un clergé assez ignare, et de surcroît traversé de courants. Les idées libérales d'un Lamennais, qui voulait une Église dégagée de l'État, souriaient à plus d'un, mais la grande majorité inclinait à la recherche du temps perdu, la hiérarchie surtout. Jusqu'au nonce Lambruschini qui avait misé sur Charles X et fourvoyé le Saint-Siège dans ses tergiversations à reconnaître Louis-Philippe. Il faut bien dire que le « roi des barricades » n'avait rien de rassurant pour le pape, souverain temporel en des temps instables, et pas davantage l'anticléricalisme théorique et pratique des Français.

C'est au cœur de cet imbroglio que Paul Poupard entraîne le lecteur, là où se mêlent le politique et l'ecclésiastique, le diplomatique et l'universitaire, le spirituel et l'administratif. Trois livres, plus de mille pages serrées, précises, où tout est de première main : lettres retrouvées, journaux intimes, pièces administratives, cours d'université... Ce sera l'itinéraire d'un normalien en plein mal du siècle, Bautain, revenu de tout, et noyant finalement son chagrin spéculatif dans une foi philosophante. Ce sera la correspondance d'un nonce avec un ami archevêque, soucieux tous deux d'orienter au mieux les nominations du roi aux évêchés, et à tout le moins d'en limiter les dégâts. Bref, le quotidien, politique, philosophique et religieux, vécu au plus près.

Entrons à l'École normale supérieure, entre 1813 et 1816, derrière un élève du nom de Bautain, Louis, né en 1796[1]. Tout juste contemporain de Lamartine, chrétien de naissance, il veut passionnément y voir clair dans un siècle où baissaient les Lumières du précédent. Il a commencé ses études sous Napoléon ; il les achève sous Louis XVIII. En quelle estime le Petit Caporal tenait les

1. Paul Poupard, *L'Abbé Bautain. Un essai de philosophie chrétienne au XIXe siècle*, Paris, Desclée de Brouwer, 1961 ; *L'Abbé Louis Bautain*, Paris, Bloud et Gay, 1964.

« idéologues », et ce qu'il attendait de la religion, nous le savons. Fontanes, grand maître de l'Université, écrivait à Lucien Bonaparte : « Je vois que les conquérants habiles ne se sont jamais brouillés avec les prêtres. On peut les contenir et s'en servir à la fois. C'est là, quoi qu'on en dise, la bonne philosophie : on peut rire des augures ; mais il est bon de manger avec eux les poulets sacrés[1]. » De philosophie guère, ou alors juste pour dire. Là-dessus, *exit* Napoléon, mais de philosophie pas davantage. En revanche, de la piété, par décret : « Le conseiller chef de l'École, qui se souciait peu de tous les changements, écrit Bautain, nous dit naïvement en nous les annonçant : “C'est qu'il faut de la religion, maintenant, Messieurs !” Comme il nous aurait dit sous l'Empire : Maintenant, Messieurs, il faut savoir faire l'exercice » (*L'Abbé Bautain*, p. 67). Arriva ce qui devait arriver : Bautain perdit la foi sans trouver une philosophie pour autant.

Au reste, rien d'affriolant pour un esprit en quête d'absolu. Bautain s'en était vite rendu compte : « Condillac et Cabanis : voilà toutes les profondeurs qui nous ont été révélées... Dans ces temps-là, il y avait un homme de beaucoup de talent, de beaucoup d'esprit, qui fouettait cette philosophie de Condillac et la mettait en crème. C'était quelque chose de très gracieux, mais

1. Rémy Tessonneau, *Joseph Joubert éducateur d'après des documents inédits (1754-1824)*, Paris, Plon, 3e éd., 1944, p. 261.

où il n'y avait rien de très substantiel. » Après, ce fut Royer-Collard, qui tenait pour les Écossais. « Nous devînmes néoplatoniciens ; nous cherchâmes quelque chose de plus élevé » (*ibid.*, p. 65) – mais quoi ? Il y eut bien Victor Cousin qui séduisit Bautain un moment. Estimant qu'il fallait de tout pour faire une philosophie, Cousin avait imaginé une recette : il prélevait sur chaque système les meilleurs morceaux. Cette nouvelle cuisine éclectique attira les curieux, puis se démoda. Entre-temps, Bautain était devenu professeur de philosophie au Collège royal de Strasbourg, et l'année suivante à l'université. À tout juste vingt ans : cela même en dit long. Le jeune maître prenait son rôle au sérieux ; il voulait apprendre à ses élèves à penser – mais à penser quoi ? On en revenait toujours là. Un moment tenté par la philosophie allemande, qu'on découvrait seulement, Bautain fit le voyage, ce qui, à l'époque, n'avait rien d'une promenade. Ébloui, il conversa avec Schelling. Il s'en fut à Heidelberg voir Hegel : « Quant à sa doctrine, écrit-il à Victor Cousin, il me semble avoir compris quelque chose dans le moment… » (*ibid.*, p. 74). De fait, ses cours de l'année suivante se ressentent de ce pèlerinage aux sources de l'idéalisme allemand. Mais tout cela, mâtiné de stoïcisme et de spinozisme, avec un faux air néoplatonisant, a quelque chose de composite et traduit bien le désarroi spéculatif d'une époque. Ce qui justement a séduit Bautain chez les grands Allemands, c'est leur effort prométhéen vers la science universelle, la *mathesis universalis*, dont rêvait déjà Descartes.

Bautain connaît la vogue : le Tout-Strasbourg se presse à ses cours, au point d'inquiéter les sbires du roi. Mais le mal du siècle, décidément, le travaille. La crise est proche. Fatigué, dépressif, il s'avise soudain que la raison est un mauvais contenant de l'absolu. Ce long chemin était donc une impasse ? – Mais à quoi tiennent les choses ! Dans une ville d'eaux, il tombe sur une vieille curiste, une demoiselle d'une piété charismatique et d'une culture étendue. Trop, même, puisqu'elle englobait un peu de tout dans de vastes synthèses de son cru. Selon elle, si la raison n'explique finalement pas grand-chose, la foi, en revanche, rend compte d'absolument tout. Bautain avait trouvé la voie.

En somme, comme jadis saint Augustin, il en était venu à soutenir que « la vraie philosophie est la vraie religion ». Pour Bautain nouvelle manière, c'est la théologie qui est la base de la philosophie, qui elle-même fond les autres sciences. Et comme il ne fait rien à moitié, il s'engage dans les ordres. L'évêque de Strasbourg, ravi d'une telle recrue, l'accueille à bras ouverts. Bautain brûle les étapes, fait des envieux. En moins d'une année, le voilà prêtre, chanoine, bientôt directeur du petit séminaire. Mais cette lune de miel ecclésiastique n'allait pas durer. Comme ébloui par la lumière de la foi, Bautain donnait l'impression, dans ses leçons et dans ses écrits, de tenir la raison pour quantité négligeable, et la scolastique pour une aberration – et le voilà suspecté de fidéisme. L'évêque s'alarme. Commence alors une histoire rocambolesque, dont les rebondissements finiront par le jeter aux pieds de Grégoire XVI en personne.

Ce n'est pas que Mgr de Trévern entendît grand-chose à la philosophie. Mais, vieil émigré, il n'avait rien appris ni oublié – pas même la scolastique, que Bautain, précisément, tenait pour inepte. Sur le fond, il n'y avait pas de quoi fouetter un chat, mais Bautain était entier, systématique, et en théorie pas très sûr, et Mgr de Trévern était borné et imbu de ses fonctions. L'affaire prit tout de suite un tour contentieux : Bautain refusa de se dédire ; Trévern fulmina des censures, ses affidés intriguèrent à Rome pour y faire mettre Bautain à l'Index. Du coup, sur le conseil de Lacordaire, il précipita son départ pour la Ville éternelle : comme dit Poupard, « une course de vitesse était engagée ». Là-bas, trois mois durant, Bautain protesta de ses bonnes intentions, dont le Saint-Siège finit par lui donner acte. Le pape intervint même en sa faveur auprès de Trévern, mais l'évêque était gallican : les avis de Rome ne l'intéressaient que dans la mesure où ils confortaient les siens. Bautain dut quitter son poste de Strasbourg et s'installer à Juilly, comme supérieur du collège fameux. Vicaire général de Paris, professeur à la Sorbonne – deux fonctions autrefois cumulables –, il s'éteindra en 1867, sous Napoléon III, au terme d'un incessant combat pour concilier la science et la religion, selon l'idée qu'il se faisait de l'une et de l'autre.

Ce n'est pas tout : de ce séjour romain de 1838, Bautain avait eu la bonne idée de tenir le journal. Mgr Poupard en retrouva une copie, qu'il publia avec ses annexes[1]. Si bien qu'on peut suivre le jeune prêtre pas à pas dans les palais, les antichambres, les couloirs de la cour pontificale, et même dans les salons de la haute société. C'est le paradis de l'historien ! Il y a d'abord l'affaire : les allées et venues d'un palais à l'autre, les visites à des sommités bienveillantes, mais qui ont l'éternité devant elles, et qui se le renvoient avec infiniment de bonne grâce. C'est *Le Procès* de Kafka, mais à l'envers, avec des gens charmants qui l'assurent que tout va bien. À lui aussi, pour un peu, on dirait : « Et puis, ne faites pas tant d'histoires avec votre innocence : cela gâche l'impression plutôt bonne que vous produisez par ailleurs[2]... » D'autre part, Bautain tue le temps ; il musarde dans Rome, fait son plein d'images insolites, voire carrément loufoques, comme ce prêche qu'on infligeait encore périodiquement aux juifs de Rome, bien sagement réunis, chapeau sur la tête, dans une église vidée pour une heure de ses statues et de ses

1. Paul Poupard, *Journal romain de l'abbé Bautain* (1838), Rome, Edizioni di storia e letteratura, 1964.

2. Franz Kafka, *Le Procès*, trad. Vialatte, Paris, Gallimard, 1957, p. 59.

croix, et gardée par des *carabinieri* aussi peu motivés que les auditeurs et le dominicain de service.

Le dossier Bautain réservait à Mgr Poupard une autre surprise, et de taille. Voulant en savoir plus long sur ce qu'on pensait de l'affaire à Rome et à la nonciature de Paris, il mit la main sur cent vingt-quatre lettres inédites, adressées par le chargé d'affaires du Saint-Siège, Mgr Antonio Garibaldi, au futur cardinal Mathieu, alors évêque de Langres et bientôt archevêque de Besançon. L'énorme intérêt de ces liasses incita aussitôt Paul Poupard à en donner une édition critique[1], introduite et annotée avec le souci de l'exhaustif que communiquait notre cher Jean Orcibal à ses disciples de l'École des hautes études. Ce nouveau chantier était, nous allons le voir, précieux pour la compréhension du siècle, et des débuts du suivant.

D'abord, les deux correspondants ne manquaient pas de personnalité. Simple secrétaire de nonciature, Garibaldi avait dû remplacer au pied levé, en 1830, son chef de mission le nonce Lambruschini, dont les rapports, note Mgr Poupard, « manifestaient cruellement

1. Paul Poupard, *Correspondance inédite entre Monseigneur A. Garibaldi, inter-nonce à Paris, et Monseigneur C. Mathieu, archevêque de Besançon. Contribution à l'histoire de l'administration ecclésiastique sous la Monarchie de Juillet*, Paris, De Boccard, et Rome, Presses de l'Université grégorienne, 1961.

l'incompréhension totale de la situation», et que le pape s'était résigné à rappeler. Pris dans les difficultés de communication, les susceptibilités, les questions de personnes entre Rome et Paris, le nonce intérimaire ferait pourtant merveille treize ans durant. Il s'attira toutes les sympathies, même celle de Louis-Philippe. Détails savoureux : quand Mgr Garibaldi reviendra à Paris comme nonce titulaire, ce sera à la demande expresse... du gouvernement de la IIe République ! Quant à Mathieu, il venait du barreau, avait tout un fichier dans la tête et déplaçait un fort tonnage dans la haute société. Il finira cardinal et sénateur sous Napoléon III. Pour Garibaldi, il fut le correspondant idéal et le plus chaleureux des amis.

On imagine les perplexités de l'internonce. Sous le régime défini par le concordat de 1801, le roi nommait aux évêchés, le pape se réservant l'institution canonique. Il s'agissait donc, pour Garibaldi, d'orienter aussi discrètement que possible les choix du gouvernement, ne fût-ce que pour écarter toute une armada d'arrivistes, de personnages stendhaliens qui voyaient leur chance dans l'avènement du « roi-citoyen ». Et puis, des courants agitaient le clergé, et il n'était pas rassurant, pour l'agent diplomatique du Saint-Siège, de voir accéder aux évêchés les affidés d'un Lamennais, condamné par Rome..., ou d'un Bautain, que Garibaldi tenait pour plus inquiétant encore dans son genre. Sans compter les situations embarrassantes à régler au jour le jour : Mgr de

Quélen, par exemple – celui qui répondait si bien de la solidité de Charles X à la veille des journées de Juillet –, s'entêtait dans son aversion pour Louis-Philippe, en dépit des admonitions de Rome. Il avait fini par verser dans la paranoïa ; il accusait le roi d'avoir voulu le faire assassiner... Que de soucis pour un prélat si jeune à pareil poste ! Pourtant, Garibaldi sut faire entendre au gouvernement que les deux parties gagneraient à se concerter avant toute désignation officielle : en ces affaires, le moindre faux pas est dommageable à tout le monde, et pour longtemps. Et c'est là que l'appui constant, chaleureux, sûr, de Mgr Mathieu, qui connaissait tout le monde, fut indispensable à Mgr Garibaldi, qui ne connaissait personne.

De ces liasses résultent non seulement un fichier signalétique précieux sur le haut clergé français de l'époque, mais aussi un bien instructif recueil d'informations, de « bruits qui courent », voire de potins : ces échanges, en effet, échappaient aux précautions et aux ronds de jambe des lettres de chancelleries. Mieux que n'importe quel traité, ces 450 pages in-quarto permettent d'approcher au plus près, grâce aux annotations de Mgr Poupard, les milieux ecclésiastiques et politiques français du XIXe siècle. Le livre est parfois traversé de passages émouvants : tel vieil évêque, dévoré de zèle pour son diocèse campagnard – on pense à Mgr Myriel dans *Les Misérables* –, et qui supplie qu'on l'y laisse, plutôt que de faire de lui un archevêque. Si bien que loin d'accabler le lecteur, cette somme en vient à le retenir par l'air d'humanité qu'on y respire.

Les travaux du jeune *monsignor* en étaient là, quand tout soudain, après douze années à la Secrétairerie d'État, il se vit confier, en 1971, à quarante ans, de hautes fonctions – et pas n'importe lesquelles : recteur de l'Institut catholique de Paris. En 1979, il était consacré évêque auxiliaire de Paris, mais dès 1980, Jean-Paul II le rappelait à Rome pour lui confier la présidence du Conseil pontifical pour les non-croyants, en 1989, avant de le réunir en 1993 avec le Conseil pontifical pour la culture, créé par lui en 1982. Encore cinq ans, et l'historien, archevêque *in partibus* depuis 1981, était créé cardinal. Promotions qui avaient enchanté Jean Orcibal. « Il faut croire, m'écrivait-il, que la Curie s'y connaît en hommes, et en particulier Jean-Paul II, qui l'a réservé dès son élection à l'apostolat intellectuel. » Notre bon maître s'y connaissait aussi, qui avait voulu associer Paul Poupard à la grande édition qu'il préparait alors de Fénelon. Et comme de ce côté-ci des monts, le prélat était membre du Conseil supérieur de l'École des hautes études, du Haut Comité de la langue française, et j'en passe, l'Église romaine et la République française se retrouvaient, comme au temps de Mgr Duchesne, sur le nom d'un savant.

Toujours est-il que la pourpre cardinalice, les responsabilités, les voyages incessants de par le monde n'ont rien changé à l'alacrité ni à la rigueur de l'historien, ni à ce sens aigu de l'humour qui ajoute à son charme. À Rome, on dit de lui : *« E la persona giusta al posto giusto »* (*Stampa sera*, 27 août 1987). Dans les nombreux travaux, traduits en treize langues, qui ont jalonné ces années romaines, le fait religieux est toujours saisi dans son contexte historique à la fois le plus large et le plus finement analysé, particulièrement dans ses implications avec la culture philosophique et scientifique ambiante. Ainsi la religion apparaît-elle chaque fois avec les richesses qu'elle intègre et les faiblesses dont elle pâtit.

On le voit particulièrement à propos de la remise à plat du malencontreux dossier Galilée, où, de 1982 à 1992, l'action de Paul Poupard a été d'un bout à l'autre essentielle. Dans les deux tomes parus sous sa direction[1] apparaît l'histoire et, dirais-je, la phénoménologie d'un malentendu. D'un côté, des théologiens, empêtrés dans une cosmologie datant de l'Antiquité grecque et canonisée par les docteurs médiévaux, qui tenaient les astres comme étant d'une autre essence, tangents au divin, et comme tels relevant de la seule Bible, qu'ils lisaient à la lettre, de façon « fondamentaliste ». De l'autre, les astronomes, qui voyaient les corps célestes comme des masses

1. Paul Poupard (dir.), *Galileo Galileli, 350 ans d'histoire (1633-1983)*, Paris, Desclée international, 1983 ; *Après Galilée. Science et foi, nouveau dialogue*, Paris, Desclée de Brouwer, 1994.

en mouvement, dont la rotation n'impliquait Dieu que de façon très générale. Les hommes de science tenaient pour l'héliocentrisme, tout chrétiens qu'ils fussent, mais les gens d'Église ne pouvaient se faire, dans l'ensemble, à l'idée d'une terre qui ne soit pas au centre du monde, avec le pape, les cardinaux, les conciles, etc., tournant dans l'espace sans une minute d'arrêt. Voilà pourtant qui allait empoisonner, et pour des siècles, les rapports entre les Églises et le monde scientifique, au point d'accréditer dans les deux camps l'idée d'une incompatibilité.

De ces travaux interdisciplinaires présidés par le cardinal, où figurent des savants d'un peu partout, d'Oxford à Moscou, de Varsovie à Genève, sortirent des aperçus définitifs sur ce faux problème engendré par une erreur de perspective. Ces volumes permettent de reconstituer l'ambiance de l'époque. On y trouve des textes bouleversants, comme la lettre de sœur Maria Celeste, la fille de Galilée, s'efforçant de consoler son père, et aussi des témoignages montrant bien que dès le début de cette affaire lamentable, certains, comme le cardinal Bellarmin, situaient plus clairement que d'autres le problème : « Je dis que s'il y avait une vraie démonstration que le soleil se tient au centre du monde [...] et que le soleil ne tourne pas autour de la terre, mais que la terre tourne autour du soleil, alors il faudrait procéder avec beaucoup d'attention pour expliquer les Écritures qui semblent contraires [...] et il faudrait plutôt dire que nous ne comprenons pas plutôt que de dire que serait faux ce qui est démontré» (*Après Galilée...*, p. 39). L'introduction du cardinal Poupard abonde en précisions, en formules porteuses d'espoir et d'intelligence après tout ce temps perdu à des combats inutiles et incertains. En rapprochements aussi avec d'autres conflits, propres à notre siècle : «Il n'est ni raison d'Église ni raison d'État qui puisse justifier une contrainte illégitime à l'égard des droits de la pensée [...]. Les bonnes intentions ne suffisent pas à légitimer une intervention, et la fin ne justifie par les moyens» (*Galileo Galileli...*, pp. 11 et 15). Rappel opportun d'une éthique de la foi aussi bien que de la science : à y contrevenir, on prend la responsabilité de résultats affligeants, à court ou à long terme. De ce point de vue, l'affaire Lyssenko, par exemple, apparaît comme l'image inversée de l'affaire Galilée. À l'erreur d'un magistère ecclésiastique débordant le champ de la foi et momifiant la science, correspond trait pour trait le scientisme d'État, «cette pseudoscience égarée au-delà de ses frontières», et embrigadant la pensée. À être passif ou actif, le totalitarisme ne change pas de nature.

À *La Vanguardia*, un journal ibérique, le cardinal confiait en novembre 1993 : «*Equivocandose se aprende.*» «On apprend en se trompant.» De fait, l'histoire de nos erreurs, cette *historia calamitatum*, pour le dire comme Abélard, pourrait être une chance pour la recherche de la vérité. Elle ouvrirait aux croyants et incroyants d'aujourd'hui et de demain l'espoir – et le bonheur – de travailler ensemble à ce qui reste au monde en fait d'avenir. « Le dialogue avec les non-croyants prospérera, dit Paul Poupard, autour d'une foi commune en la personne » (*La Croix*, 1er juin 1991). Cela vaudrait aussi pour les fidèles des différentes religions, mais cela sera sans doute plus difficile : la réussite du dialogue interreligieux suppose une familiarité aussi parfaite que possible avec les certitudes et les doutes des uns et des autres. C'est précisément dans cet esprit qu'a été conçu et réalisé, sous la direction de Paul Poupard, le monumental *Dictionnaire des religions*[1]. Il réunit des savants de tous les coins du monde, et de diverses confessions, et cela même pourrait rasséréner ceux qu'alarmerait le fait que pareille entreprise ait été menée de bout en bout par un cardinal de l'Église romaine, cardinal rimant dans leur esprit avec clérical. On aura compris, je pense, que ce n'est pas ici le cas, et que la communauté scientifique internationale aurait plutôt lieu de se réjouir de voir sous la pourpre romaine, et en charge des affaires culturelles du Saint-Siège, un historien de métier.

1. Paul Poupard (dir.), *Dictionnaire des religions*, 2 vol., PUF, 3e éd., 1993.

ÉPILOGUE

La sagesse… Quelle sagesse ?

De fait, *sophia*, en grec, signifie aussi bien l'habileté d'un savetier ou d'un artiste qui joue de la lyre sans une fausse note, que le comportement d'un malin qui finira par vous avoir. La prudence aussi : Thucydide dit que les sages sont ceux qui mettent leurs avantages à l'abri des hasards (*Histoire de la guerre du Péloponnèse*, II, 18). Ce peut être aussi la science, et enfin, la parfaite réussite de sa vie par un homme sachant ses possibilités et ses limites. Un idéal, en somme. Et c'est le sens qui finalement a prévalu dans la littérature. « Le plus grand des biens », estime Sophocle (*Antigone*, V.1650).

Dans l'Antiquité, qu'est au juste un sage ? En a-t-on jamais vu un seul ? – C'est ce qu'un homme de ces temps répondrait… Les gens de l'Antiquité en parlent beaucoup, mais reconnaissent n'en avoir jamais croisé un. Ils ont tout juste rencontré des philosophes. Qu'est-ce, alors, qu'un philosophe ? Un homme qu'on dit – ou qui se dit – pratiquer la *philosophia*, c'est-à-dire l'amour de la *sophia*, de la sagesse, et qui s'est donc impliqué dans l'effort que suppose cette recherche d'un idéal de vie.

C'est Pythagore (VIe siècle av. J.-C.) qui a inventé le mot. Par modestie : on l'avait qualifié de *sophos*, de sage ; il a protesté, se disant au plus *philosophos*, amoureux de la sagesse. Cela même impliquait deux choses : le caractère purement idéal du sage – du jamais vu… – et l'engagement, l'investissement de soi qu'implique tout amour ou toute amitié.

Ces deux derniers points font apparaître la différence d'optique par rapport à notre époque. Aujourd'hui, la philosophie est une matière du baccalauréat, à laquelle on s'intéresse à proportion du coefficient de l'épreuve. Le diplôme en poche, qui s'y intéresse encore ? Dans l'Antiquité gréco-romaine, en revanche, la philosophie implique un changement de direction. D'où le thème, dans la littérature, de la *conversio ad philosophiam*, en grec de l'*épistrophè*. Bref, on se convertit, et alors commence une autre vie, aimantée par la *sophia*. Il y en a pour le reste du temps, car la condition première de la sagesse, c'est d'être toujours en chemin vers elle. Elle est la conscience aussi exacte qu'il convient de ses possibilités et de ses limites, disions-nous. Se prétendre sage, se dire tel, est impensable à l'époque, risible même. « Celui qui croit être le seul sage, dit Sophocle, si on le regarde de près, on le trouve vide… » (*Antigone*, V, 707-709). Ce serait de l'*hybris*, de la démesure délirante. Pour qui se prend-il, celui-là ? C'est d'ailleurs la leçon de ceux qu'on appelait « les Sept Sages de la Grèce » : Thalès, Solon, Chilon, Pittakos, Bias, Cléobule et Périandre, réunis à Delphes en congrès. À Delphes, le nombril du monde. Ils auraient voué à Apollon Pythien les deux sentences essentielles : « Connais-toi toi-même » – autrement dit : sache tes limites, et « Rien de trop », ce qui sous-entendait : ne va pas souffler plus haut que tu n'as l'esprit... La vraie nature de la sagesse est donc d'être désirée.

D'où vient alors ce désir de la sagesse ? Puisque les textes antiques font tous état de la sagesse comme d'un idéal, qui donc vaut le détour, la conversion, et qu'il est bien entendu que nul n'y atteindra jamais, d'où peut bien venir l'attrait qu'elle fait naître chez certains ? La fascination, même, qu'elle exerce, au point de les conduire à changer de vie ? Autrement dit, sur le trajet de quelle intention de la conscience, individuelle et collective, surgit cet idéal, qu'on ne peut que viser ? Ce désir d'un désir, en somme ?

Il suffit de feuilleter la littérature du temps pour en avoir une idée. Aux VIe-Ve siècles, Pindare, dans la Ve *Néméenne*, dit : « Nous ne vivons qu'un jour, ignorant vers quel but le destin a décidé que nous devions courir. » Empédocle, dans les mêmes temps : « Courte est la part de vie qui nous est laissée. Voués à la prompte mort, nous partons en fumée... » – et cette phrase-là est citée sept cents ans plus tard par Sextus Empiricus... De plus, de ce court moment de vie, que sait-on ?

« Comment être sûr de quoi que ce soit ? » se demande Hérodote (*Enquêté*) au Ve siècle. Et pour finir, Catulle, le poète si drôle qui écrivait au Ier siècle av. J.-C. : « Les soleils se lèvent et se couchent. Pour nous, quand une fois sera tombée la brève lumière, il ne restera plus qu'une interminable nuit qu'il nous faudra dormir. » De même Horace, et bien d'autres.

À ce désarroi apparu avec la conscience et ce qu'il lui fallait de mots pour dire ce qu'elle éprouvait, à ce besoin de voir à cela un sens, les mythes ont été les premiers à pourvoir. Mythes et religions ont apporté aux hommes une première représentation cohérente du monde et d'eux-mêmes dans le monde, et aussi un minimum d'espérance. La sagesse consistait alors à se ranger sous la protection des dieux.

Des siècles durant, les mythes ont suffi aux hommes pour comprendre moins mal le monde et ce qu'ils y étaient venus faire, du moins le temps qu'ils s'y trouveraient. Comprendre le monde, mais aussi le supporter. Mais s'éveille peu à peu une autre façon de voir les choses. On commença par ne plus prendre les légendes au sens littéral. Aux VIe-Ve siècles, Théagène de Rhégium inventa l'allégorie, le décryptage des mythes homériques, qui ainsi demeuraient, mais voulaient dire autre chose, d'ordre philosophique.

Progressivement, l'apparition de la fonction rationnelle a provoqué une mutation dans la façon de percevoir le monde, et dans les mythes qui jusque-là suffisaient à l'expliquer. D'où un perpétuel renouvellement des visions du monde et des façons de s'y comporter. Bref, une remise à jour des certitudes et des doutes. Les mythes ne saturaient plus le besoin de savoir, d'en savoir plus. Non, certes, qu'on ait congédié les dieux ! Mais en observant de plus près le monde matériel, la terre, les cieux, les éléments naturels, on découvrait que point n'était besoin de remonter jusqu'aux dieux pour comprendre ce qu'ils avaient mis à la portée des hommes. Xénophane, au Ve siècle av. J.-C., le dit bien : « Ce n'est pas dès le commencement que les dieux ont tout dévoilé aux mortels, mais en cherchant, et avec le temps, ceux-ci ont découvert le meilleur. » Une sagesse à hauteur d'homme, en quelque sorte, chaque philosophe ayant son idée sur la structure du monde, sur la façon de s'y voir et de s'y comporter au mieux. Dès les présocratiques, on expliquait comment le monde était passé du *chaos* au *cosmos*. On ramenait la multiplicité confuse à l'unité d'un principe : l'eau, le feu, l'air, etc. Les réponses naissaient des questions, et les questions des réponses.

Mais si le cadastre mental avait changé, la coexistence du mythique et du rationnel persisterait tout au long des temps antiques, et au-delà. L'univers est vu à la fois comme rationnel et divin. Mythe et raison ont longtemps géré en indivis le monde et l'idée qu'on s'en faisait, avant que de s'en disputer un jour l'exclusivité. C'est ainsi que Cicéron, au Ier siècle av. J.-C., définira la sagesse comme « la science des choses divines et humaines » (*Des fins*,

II, 12-37 ; *Des devoirs*, II, 2.5). Mais presque dans les mêmes temps, Virgile s'écriera : « Heureux celui qui peut connaître la raison des choses ! » (*Géorgiques*, II, 489).

Je verrais une sagesse qui comporte autant – disons – de styles qu'il y a de visions du monde. D'un monde qui évolue. Un philosophe n'est pas un être abstrait. C'est un homme – parfois une femme – de son temps. C'est quelqu'un qui inscrit sa durée personnelle dans la durée collective d'une époque et qui respire l'air du temps, comme dit Edgar Morin. Or l'Antiquité, c'est long... Une douzaine de siècles au cours desquels tout change et à tout moment.

Un exemple. Jusqu'au milieu du IVe siècle av. J.-C., ceux que nous appelons les présocratiques, puis Socrate, Platon, Aristote, ont en commun de vivre dans une civilisation poliade, autrement dit dans les cités-États, chaque ville étant une petite république à l'échelle humaine. Rien de comparable à nos mégapoles, dont les dimensions ne facilitent en rien l'esprit communautaire de leurs ressortissants. Pour Aristote, « l'homme est un animal politique », dont la pensée et l'action doivent tendre à l'harmonie des rapports entre les citoyens. Il est vrai que dans son idée, une cité doit pouvoir être embrassée d'un seul regard... La cité est donc un espace social en même temps qu'individuel. On pense spontanément « Nous autres Athéniens... », « Nous autres

Spartiates… », avant même de penser « Moi, Untel, je… ». On sait trop bien que si la cité venait à disparaître, on ne porterait plus le même regard, ni sur soi, ni sur le monde.

Dans cette optique, on mesure le bouleversement provoqué, au IVe siècle, par les conquêtes de Philippe II de Macédoine, puis de son fils Alexandre le Grand. En treize années, il allait transformer une infinité de cités en un immense empire, allant de la côte est de la Grèce jusqu'aux Indes… Une autre civilisation avait commencé. L'homme ne serait plus jamais le maître de ce qui était sa cité, englobée maintenant dans cet immense ensemble. Un ensemble lui-même centralisé, mais ailleurs, loin. L'empire de Rome, un jour, prendrait la suite. Dans une cité désormais sous tutelle, les grandes décisions se prennent ailleurs. Sur place, on ne décide plus de questions de voierie, de ravitaillement… Ainsi, ce que l'*Homo politicus* selon Aristote investissait dans sa cité maintenant perdue, devenue une municipalité, il l'investira ailleurs, là où surgiront d'autres angoisses. L'homme des temps hellénistiques va inventer un nouveau style de sagesse, différemment orientée. Une autre façon d'être heureux, chacun pour son compte. Par-delà les cités perdues dans les empires, une vaste société des hommes se construit, idéalement du moins, dont chaque âme est citoyenne. Chacun, dans la mesure où il est capable de philosopher, va se tailler un empire intérieur. Citoyen de son âme en même temps que citoyen du monde opposant comme Plutarque de Chéronée sa « petite patrie » à la grande, qui est le monde, l'homme de ces temps nouveaux va noyer son désarroi dans la philosophie. La sagesse, autrefois si politicienne, se fera davantage psychagogique, chacun soignant d'abord son âme. Ce sera le rôle de l'épicurisme, du stoïcisme, le premier écartant prudemment le sage des fatigues de la politique, et le second l'y engageant afin d'humaniser la politique. Quant aux sceptiques des diverses obédiences, ils attestent que la vérité d'hier n'est plus aussi évidente, et celle de demain est encore à venir, puisque, décidément, tout change…

Comment voyait-on les philosophes ? De façon ambivalente, assurément. Certes, la hauteur même de cette prétention à la sagesse dont on sait qu'elle exige pareil engagement de soi suscite l'admiration pour celui qui s'y voue, mais l'expose à une ironie féroce si sa vie n'en produit pas de preuves évidentes, voire en dénonce l'hypocrisie. Cela d'autant plus que se savoir soi-même bien incapable de semblable dévotion à un idéal peut rendre envieux celui qui constate cette carence… J'ai montré ailleurs à partir de nombreux textes la place du philosophe – ou de celui qui se dit tel – dans la littérature de diverses époques de l'Antiquité gréco-romaine. Évident est le respect pour les grandes figures ; évident le mépris pour ceux qui se croient hors du commun des mortels et qui, selon Pline le Jeune, « affectent dans leur maintien le goût de la sagesse » (*Lettres*, I, 22.6). « Pourquoi, demande Épictète, cette fière démarche, comme si tu avais avalé une broche ? – C'est que j'aimerais qu'on m'admire, qu'on me suive, qu'on s'écrie : "Oh ! le grand philosophe !" » (*Entretiens*, I, 21.2-3). De ces gens, on en rencontre à tous les coins de rue, dit Lucien de Samosate, et, selon Épictète, « Ils prennent leur manteau, laissent pousser leur barbe, et les voilà qui déclarent : "Je suis philosophe !" » (*Entretiens*, IV, 8.15). Apulée en dira autant. Et que ne dit-on de ces arrivistes qui rôdent autour des gens importants ! On produirait des références par centaines.

Au reste, cette curieuse contradiction entre le sublime et le ridicule est illustre de plusieurs façons, et fort drôles. J'ai montré qu'en des temps où l'espérance de vie n'allait guère loin – cinquante ou soixante ans au mieux, selon Sénèque (*De brevitate vitae*, *De la brièveté de la vie*, 3, 4), les chroniqueurs font mourir les philosophes à des âges avancés : une manière de situer le *philosophos* au-dessus du commun des mortels en raison de son point de tangence avec le sublime. Mais les mêmes leur prêtent une mort insolite, souvent antithétique. Voilà qui pourrait, chez certains, évoquer le gâtisme menaçant le philosophe comme tout autre homme. Et je passe sur les façons ridicules de trépasser, qui abondent dans les textes. Comme si, par certains côtés, le *philosophos* amusait par sa prétention à la fameuse sagesse, qu'on savait bien impossible à atteindre.

À ce propos, comment ne pas évoquer la Taverne des Sept Sages, à Ostie ? On y voit peints sur un mur les sept Sages de la Grèce, une fois encore réunis, mais siégeant cette fois dans les toilettes collectives de l'époque. De la bouche de chacun sort, comme sur nos bandes dessinées, un cartouche où chacun est censé dire des paroles profondes sur… l'opération en cours.

Tout cela montre assez que les gens de ces temps-là affectaient la prétention à la sagesse d'un certain coefficient de drôlerie. Bien sûr, les philosophes sont des sages, mais n'exagérons rien… Et était-il si mal que les philosophes en soient avertis ?

TABLE

DU MÊME AUTEUR

Aux Éditions Albin Michel

LA... SOTTISE ? (VINGT-HUIT SIÈCLES QU'ON EN PARLE), 2010.

DE L'AMOUR, DE LA MORT, DE DIEU ET AUTRES BAGATELLES (entretiens avec Christiane Rancé), 2011.

CONNAIS-TOI TOI-MÊME... ET FAIS CE QUE TU AIMES, 2012.

Chez d'autres éditeurs

LE CARACTÈRE DE PASCAL, PUF, 1962.

DE LA BANALITÉ. ESSAI SUR L'IPSÉITÉ ET SA DURÉE VÉCUE, Vrin, coll. « Problèmes et controverses », 1966 ; 2ᵉ éd. 2005.

INTRODUCTION À LA PHILOSOPHIE GÉNÉRALE, SEDES-CDU, 1969.

DICTIONNAIRES DES GRANDES PHILOSOPHIES, sous la dir. de Lucien Jerphagnon, Privat, 3ᵉ éd. 1989.

VIVRE ET PHILOSOPHER SOUS LES CÉSARS, Privat, ouvrage couronné par l'Académie française, 1980.

VIVRE ET PHILOSOPHER SOUS L'EMPIRE CHRÉTIEN, Privat, 1983.

JULIEN, DIT L'APOSTAT, Seuil, 1986 ; 3ᵉ éd. Tallandier, 2010.

HISTOIRE DE LA ROME ANTIQUE, 4ᵉ éd. Tallandier, 2010.

DU BANAL AU MERVEILLEUX, Mélanges offerts, les Cahiers de Fontenay, 55-57, 1989.

HISTOIRE DE LA PENSÉE, « D'Homère à Jeanne d'Arc », Tallandier, ouvrage couronné par l'Académie des sciences morales et politiques, 4ᵉ éd. 2011.

LES DIVINS CÉSARS. IDÉOLOGIE ET POUVOIR DANS LA ROME IMPÉRIALE, Tallandier, 2ᵉ éd. 2004 ; Hachette littératures, 2009.

ŒUVRES, de saint Augustin, sous la direction de Lucien Jerphagnon, Gallimard, « Bibliothèque de la Pléiade », 3 vol., ouvrage couronné par l'Académie française, 1998-2002.

SAINT AUGUSTIN. LE PÉDAGOGUE DE DIEU, Gallimard, coll. « Découvertes », 2e éd. 2007.

LES DIEUX NE SONT JAMAIS LOIN, Desclée de Brouwer, 2e éd. 2006.

AUGUSTIN ET LA SAGESSE, Desclée de Brouwer, 2006.

AU BONHEUR DES SAGES, Hachette Littératures, 2007.

LA LOUVE ET L'AGNEAU, Desclée de Brouwer, 2007.

ENTREVOIR ET VOULOIR : VLADIMIR JANKÉLÉVITCH, La Transparence, 2008.

LA TENTATION DU CHRISTIANISME, avec Luc Ferry, Grasset, 2009.

C'ÉTAIT MIEUX AVANT suivi du PETIT LIVRE DES CITATIONS LATINES, Tallandier, 2012.

LES ARMES ET LES MOTS (HISTOIRE DE LA ROME ANTIQUE ; LES DIVINS CÉSARS ; HISTOIRE DE LA PENSÉE), coll. « Bouquins », Robert Laffont, 2012.

En CD audio

PAUL VEYNE. SUR L'ANTIQUITÉ (commentaire de Lucien Jerphagnon), INA-Textuel, 2008.

LES GRANDES HEURES (entretiens avec Raphaël Enthoven), INA-Radio France, 2012.

Composition IGS-CP
Impression CPI Bussière en décembre 2012
à Saint-Amand-Montrond (Cher)
Éditions Albin Michel
22, rue Huyghens, 75014 Paris
www.albin-michel.fr

ISBN : 978-2-226-24309-6
N° d'édition : 20296/01. – N° d'impression : 124070/4.
Dépôt légal : janvier 2013.
Imprimé en France.

la contingence